U0924812

郑州市名镇志文化工程

告成镇志

郑州市地方史志编纂委员会　主办
郑州市地方史志办公室　编著

·北京·

图书在版编目（CIP）数据

告成镇志 / 郑州市地方史志办公室编著. -- 北京 : 中国水利水电出版社, 2019.12
郑州市名镇志文化工程
ISBN 978-7-5170-8192-0

Ⅰ. ①告… Ⅱ. ①郑… Ⅲ. ①乡镇—地方志—登封 Ⅳ. ①K296.15

中国版本图书馆CIP数据核字(2019)第254176号

审图号：豫郑S〔2020〕001号

总 策 划：营幼峰
选题策划：马爱梅　宋建娜　张小思
责任编辑：李慧君

书　名	郑州市名镇志文化工程 告成镇志 GAOCHENG ZHEN ZHI
作　者	郑州市地方史志办公室　编著
出版发行	中国水利水电出版社 (北京市海淀区玉渊潭南路1号D座　100038) 网址: www.waterpub.com.cn E-mail: sales@waterpub.com.cn 电话: (010) 68367658 (营销中心)
经　售	北京科水图书销售中心 (零售) 电话: (010) 88383994、63202643、68545874 全国各地新华书店和相关出版物销售网点
排　版	北京金五环出版服务有限公司
印　刷	北京印匠彩色印刷有限公司
规　格	184mm×260mm　16开本　14.25印张　251千字
版　次	2019年12月第1版　2019年12月第1次印刷
印　数	0001—2200册
定　价	98.00元

凡购买我社图书，如有缺页、倒页、脱页的，本社营销中心负责调换

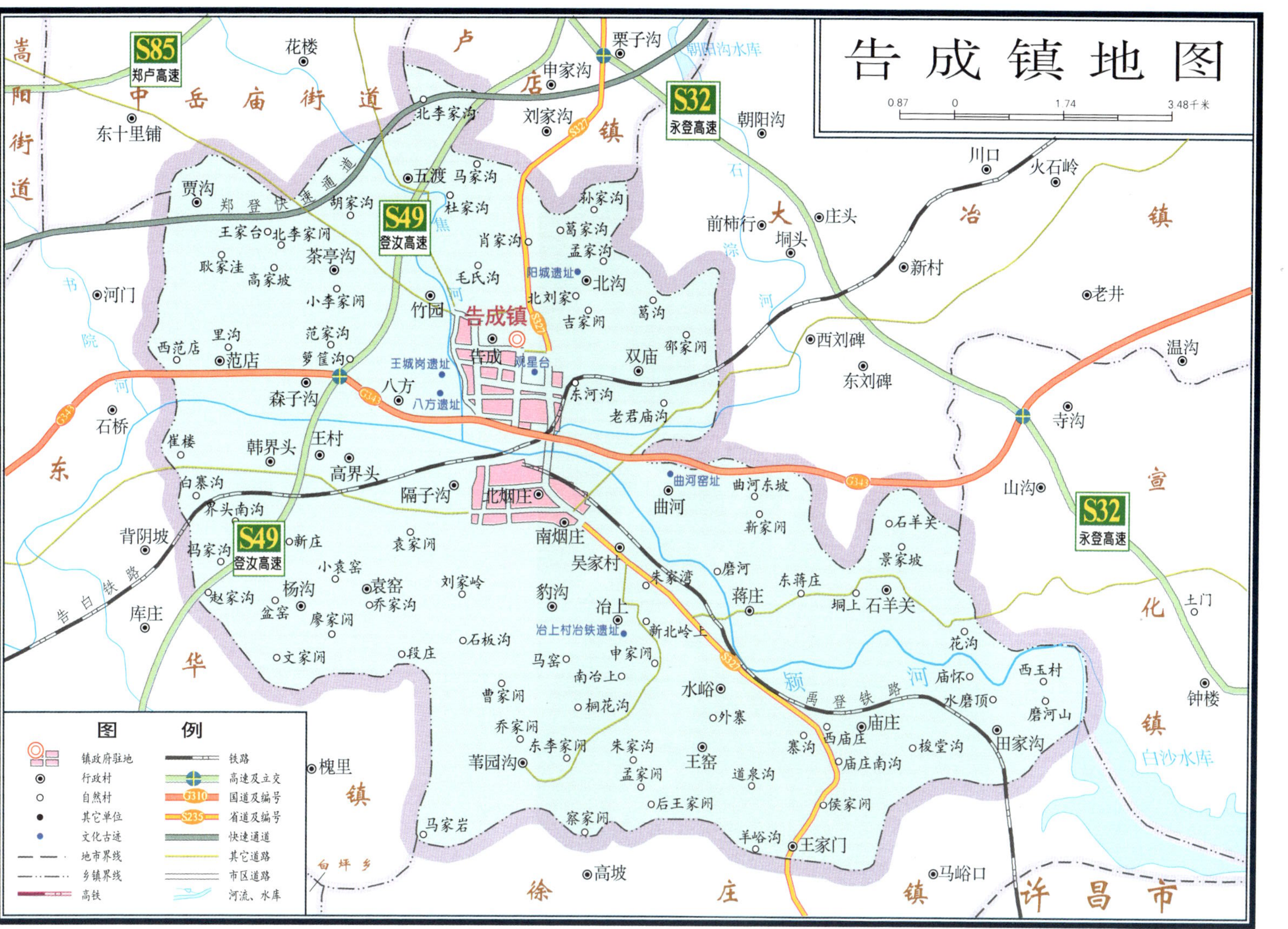

（注：图内行政界线不作为实际划界依据）

告成镇地图

告成镇区全景　刘客白　摄

世界文化遗产登封“天地之中”历史建筑群——观星台　刘客白　摄

王城岗遗址　刘客白　摄

告成镇工业园区　刘客白　摄

箕山　刘客白　摄

郑州市名镇志、名村志、名街志编纂委员会

主　　任　孙晓红

副 主 任　柴　丹　朱　军

委　　员（按姓氏笔画排序）

于　珊　王丹东　任　莉　刘长春　刘军杰　李伟光

杨　洁　杨　洋　张建锋　陈　军　林　海　虎荣鑫

周建超　屈连武　胡光程　康红阳　梁豫生

主　　编　朱　军

副 主 编　王丹东　梁豫生　刘长春

编　　委　丁明伟　王西林　孔令岳　冉　宁　向天燕　刘　琴

刘华东　安伯乐　李　磊　南必成　徐　宁　路培育

编　　辑　李艺博　刘　恒　王　丹　李　靖　高　畅　魏海薇

学术顾问　刘　杰　河南省文学艺术界联合会副主席、河南省美术家协会主席

李运江　河南省美术家协会顾问

封曙光　河南省美术家协会副主席

丁　昆　河南省美术家协会副主席、河南省美术家协会油画艺术委员会主任

魏　剑　河南日报报业集团编委委员、河南日报农村版总编辑

徐建勋　河南日报郑州分社社长

顾　华　河南日报农村版总经理

郑东军　郑州大学建筑学院副院长、教授

阎铁成　郑州中华之源与嵩山文明研究会副会长

张　永　郑州报业集团党委委员、纪委书记

张绍宇　郑州市雕塑壁画院创研员

《告成镇志》编纂委员会

主　　任　吕宏军　杨伟平

副 主 任　刘华东　雷省委　王云琦　阎锦木

委　　员　郑俊锋　李绍伟　曹得朝　张铁撬　吴晓敏　宋朝峰
王晓宁　牛松峰　吴跃伟　吴丽娜　李银峰　冯书岗
王新祯　欧阳晓娜　韩松涛　弋振华　杜永强
王春芳　王峥伟

编　　撰　冯海晓　郭同勋　孙幸福　程保泰　李亚利　雷　震
王　慧　武玲燕　梁芳芳　雷泽洋

摄　　影　黄建松　刘客白　王小吾　王凯旋　李鹏飞　王小慧
申腾飞　韩荣安

序

2018 年以来，我们在中国地方志指导小组办公室、河南省地方史志办公室的热情指导和大力支持下，在郑州市各县（市、区）地方史志工作机构及相关镇、村、街道的共同努力下，开拓创新，克难攻坚，相继完成了 11 部镇志、1 部村志、18 部街道志，共计 30 部基层志书的编纂出版工作。这是我市坚持以习近平新时代中国特色社会主义思想为指引，认真贯彻落实《全国地方志事业发展规划纲要（2015—2020 年）》（国办发〔2015〕64 号），围绕中心、服务大局，推动地方志事业高质量发展、发挥存史、资政、育人职能作用的一项重要成果。

这 30 部志书以镇志、村志、街道志为主线，全面、客观地记述了郑州从一座古老的城市发展成为国家中心城市的历史进程，阐释了中华文明、中原文化在郑州这座城市的文明形态起源、嬗变和现代转型。聚焦黄河文化、商都文化、黄帝文化、河洛文化、嵩山文化和二七精神等重要的城市文化名片，我们组织编纂了管城区《东大街街道志》《西大街街道志》《城东路街道志》，二七区《德化街道志》，金水区《杜岭街道志》，巩义市《回郭镇志》《大峪沟镇志》《康店镇志》《河洛镇志》《站街镇志》，新郑市《孟庄镇志》《新建路街道志》，惠济区《古荥镇志》，上街区《峡窝镇志》《方顶村志》，中牟县《雁鸣湖镇志》，新密市《刘寨镇志》，登封市《告成镇志》等一批志书。我们尝试从地方志的角度描述、分析这些文化的历史演进，宏大叙事与微观剖析并重，讲述方志故事，凝聚城市精神，发现并彰显这些深藏在街道社区、乡镇村庄里的城市文化根脉。

我们借鉴人文地理学和社会学的调查研究方法，在中原区委、区政府的支持下，组织编纂了该区《西流湖街道志》《中原西路街道志》《桐柏路街道志》《三官庙街道志》《棉纺路街道志》《绿东村街道志》《林山寨街道志》《汝河路街道志》《航海西路街道志》《须水街道志》《秦岭路街道志》《建设路街道志》12 部街道志，对一个行政建置区域的政治、经济、文化、社会、生态建设状况，特别是对自中华人民共和国成立以来各个历史时期的发展做了全方位的较完整记述。这些街道志组成了美丽的“方志拼图”，从中我们可以清晰地看到中原区从一个传统的城郊农业区，在新中国成立初期形成郑州市的市级行政中心、文化中心和现代工业区，改革开放以来经过国企改革的华丽“蝶变”，转型升级为现代化宜居宜业新城区的时空轨迹。

我们在丛书编纂中基本采用了中国地方志指导小组办公室确定的中国名镇志、名村志、名街志编写体例，以质量为生命线，强化精品意识，与各编纂单位和出版单位一起，对每部志书严把政治关、史实关、体例关、文字关、出版关，认真贯彻落实《郑州市地方志工作规定》要求，理顺管理体制和运行机制，分级负责与属地管理相结合，明确了市、县（市、区）、镇（街道）、村等各级在志书编纂中的具体权责，一级抓一级，层层抓落实，形成了踏石留印、抓铁有痕的良好工作格局。

在编纂方式上，我们积极适应“读图时代”的现代读者需求，在锤炼文字表达的同时，特别突出了“图像存史”的作用。我们与河南省美术家协会合作，组织一批在省内乃至全国有影响力的优秀画家，深入基层开展采风创作，用画笔描绘郑州美丽乡村和城市现代街区风貌。我们要求编纂单位注意对优秀美术作品的资料收集，如巩义籍著名画家陈天然、徐小龙等长年扎根农村基层，创作出一批表现浓郁乡土风情的优秀美术作品，经其家人慨允，许多作品收入相关志书，成为熠熠生辉的亮点。中共郑州市委宣传部外宣办，河南日报新闻图片有限公司，郑州日报社及市、县（市、区）摄影家协会等单位和许多优秀、敬业的摄影家，为我们提供、创作了一大批精彩的摄影作品，与志书篇章结构和语言文字同步配合，形成了一个全新的图像叙事体系。这已不是简单的配图、插图、图文并茂，而是把图像证史、存史放在了编纂方式创新的维度上来考量其价值与意义。

为提高志书编纂的学术品质，我们与郑州大学建筑学院合作，开展传统村落与民居保护和城市街区建筑文化专项调查，形成了一批研究成果，并在编纂中予以重点展示。郑州市是中华文明探源工程、夏商周断代工程等考古研究的重点区域，拥有世界文化遗产——登封“天地之中”历史建筑群和诸多国家重点文物保护单位，各类历史文化遗迹俯拾即是。

在文物部门的大力支持下，我们在相关志书编纂中，注意收录考古最新发现及研究成果，以丰富志书编纂的文化内涵。

这里需要特别感谢的是，河南日报农村版、中国水利水电出版社等单位积极、热情地参与到编纂工作中，帮助我们探索了史志工作与专业机构通力合作、优势互补、众手成志的史志编纂新模式。在这部丛书出版之际，谨向支持、参与这项工作的所有部门、单位，领导、专家和基层史志工作者表示真诚的谢意！

以上是我们在郑州市名镇志、名村志、名街志文化工程中的一些尝试，不足之处敬请批评指正，以便在今后工作中认真加以改进。

郑州市地方史志办公室

2019 年 12 月

凡例

一、指导思想　以马克思列宁主义、毛泽东思想、邓小平理论、“三个代表”重要思想、科学发展观、习近平新时代中国特色社会主义思想为指导，坚持辩证唯物主义和历史唯物主义的立场、观点和方法，存真求实，全面、客观、系统记述中国名镇城镇化进程和改革开放成果，传承和抢救乡土历史文化，激发爱国爱乡情怀，留住乡愁，为探索中国特色新型城镇化建设、服务乡村振兴战略提供历史智慧和现实借鉴。

二、质量要求　参照中国地方志指导小组印发的《地方志书质量规定》执行。在坚持志体的前提下，体裁运用、篇目设置、资料选择等作适当创新。内容以记载镇域范围内的微观资料为主，详市县志之所略。根据不同类型名镇的特点，记述域内自然、政治、经济、文化、社会的历史与现状，重在突出当地“名”与“特”的内涵，从而达到执简驭繁、文约事丰、易于阅读、利于普及的目的。

三、时间断限　为全面反映入志事物发展脉络，各志上限追溯至事物发端，下限一般断至各镇志启动编修年份，个别重大事项可延至搁笔。详今明古，着重反映时代特色和地方特点，重点体现各镇的“名”与“特”。

四、记述范围　记述地域范围以下限年份的行政辖区为主。为体现名镇在更大区域内的意义，可以从更开阔的区域视野记述与该镇相关的内容。

五、总体结构　统一采用纲目体，设类目、分目、条目三个层次。横排门类，纵述史实。所设类目除《中国名镇志丛书基本篇目》要求的必设内容外，个别事项根据本镇实际情况适当作升格或降格处理。

六、体裁形式　综合运用述、记、志、传、图、表、录等各种体裁，以志体为主。体裁运用适当创新，篇目设置不求面面俱到，一般意义上的乡镇级内容可简略记述。

七、语言文体　除引用文字和附录文献资料外，统一使用规范的现代语体文记述，行文力求朴实、严谨、简洁、流畅，具有较强可读性。

八、人物载录　人物类目设人物传略、名人与 ×× 镇、人物表录等分目。人物传略遵循“生不立传”原则，选录对本镇发展有重大影响者，按生年排序。名人与 ×× 镇记述在政治、经济、文化、社会等方面有重大影响的著名人物（政治家、艺术家等）在本镇的活动历史片段。同时，在其他类目中采用以事系人的方式介绍人物。

九、图照表格　志中随文配图，图下设文字说明，图文并茂。表格统一编排序号。

十、数据　各项数据一般采用国家统计部门数据。数据缺乏的，采用主管部门或主办单位正式提供的数据。

十一、计量单位　采用国务院 1984 年 2 月发布的中华人民共和国法定计量单位。历史上使用的计量单位，如斗、石、里、尺、磅、华氏度等，在引文时照录，并以类目为单位首次出现时应加注。

十二、纪年　中华民国成立前的纪年，使用朝代年号纪年，括注公元年份；中华民国成立后的纪年，均使用公元纪年。志中所称“解放前（后）”，以该镇解放日为界；“新中国成立前（后）”，以中华人民共和国成立日 1949 年 10 月 1 日为界；“改革开放前（后）”，以 1978 年 12 月中共十一届三中全会召开为界。“×× 年代”，凡未加世纪者，均指 20 世纪。

十三、称谓　记事概以第三人称记述。人名直书其姓名，必要时冠以职务职称。地名以现行标准地名为准。如使用历史地名，于首次出现时括注现行地名。各个历史时期的党派、团体、组织、机构、职务等均以当时名称为准。对于称谓过长而又频繁使用者，于首次出现时使用全称并同时括注简称，之后使用简称。

十四、数字、标点　遵循国家标准和出版规定，志中数字书写以 GB/T 15835—2011《出版物上数字用法》为准，使用标点符号以 GB/T 15834—2011《标点符号用法》为准。

十五、本凡例对于各镇志编纂中的未尽事宜，在“编纂始末”中予以说明。

目　录

概述

告成镇俯瞰　刘客白　摄

郁郁箕山，汤汤颍水；周公遗泽，谓之天中。

告成镇，古为阳城，现隶属于河南省登封市。镇区北依嵩山，南接箕山，颍河横贯腹地，辖区总面积 91.5 平方千米，辖 30 个行政村，7.5 万人。

这里，山环水抱、地势平坦，四季分明、气候温和，石淙河、五渡河纵横交错，颍河河谷盆地土地肥沃，适宜于古代先民繁衍生息劳动生产。传说仓帝曾在此建都，帝尧曾巡狩于此，裴李岗文化在此孕育，仰韶文化亦有显迹，是华夏早期文明诞生的摇篮之一。

这里，源起禹都阳城，定于周公测影，名自女皇封禅，谓之天地之中。有史记载：许由、巢父曾在此洗耳，夏孔甲曾畋于箕山。

这里，山川地理形胜，文化古迹众多，史册多有载著，名人骚客常会于此，自古便为中州名镇。

颍水

周公测景台 李卫国 摄

天中古镇

清乾隆《登封县志》载：“阳城和太室，都居九州中心。”自古以来，阳城便被誉为天中古镇。

禹都阳城 禹都阳城遗址，又称王城岗古城，位于告成镇八方村，是中华文明探源工程首批重点六大都邑之一。经考古发掘，遗址占地面积约 36 万平方米，现存面积约 1 万平方米，建于约公元前 2070 年，是中国进入“家天下”第一个奴隶制王朝夏朝的第一个建都地。中华文明探源工程研究认为，王城岗遗址属于新石器时代城址，是一处以豫西龙山文化类型中晚期为主，兼有新石器时代最早期裴李岗文化和相当于夏代的二里头文化与商周文化的遗址。1996 年，王城岗遗址被国务院评为全国重点文物保护单位。

天地之中 告成因“天地之中”而闻名。“天有心，地有胆，天心地胆在告县”，这是流传于告成民间的一首民谣。观星台内周公殿前有一通古碑，上刻清人刘仕伟所写诗句：“地胆依中岳，天心应上台。”这些民谣和诗歌概括了告成位居天地之中的地位。公元前11世纪，周公姬旦在阳城“测日影、定地中”，使“天地之中”理念成为影响中国人长达3000年之久的传统宇宙观。唐开元十一年（723年），僧一行进行大地测量，令太史监南宫说在阳城原周公测景处改土圭木表为石圭石表，表上大书“周公测景台”。元世祖至元十三年（1276年），郭守敬为制定《授时历》，进行“四海测验”，在全国建27座天文观测站，阳城为中心观测站——观星台。1961年，观星台被评为国家重点文物保护单位；2010年，观星台作为登封“天地之中”历史建筑群的重要组成部分，被评为世界文化遗产；2016年，以观星台、周公测景台为例证的中国“二十四节气”，被列入联合国教科文组织人类非物质文化遗产名录。

观星台 郭红欣 摄

女皇命名 告成之名，来源于中国历史上的唯一女皇武则天的命名。据《新唐书》记载，唐万岁登封元年（696 年），女皇武则天由东都洛阳出发，前往中岳嵩山举行封禅大典，封中岳神为“神岳天中皇帝”，这在五岳中是第一个被封为“帝”的岳神。武则天亲自撰写《升中述志碑》文，由相王李旦书后，刻立于大周封祀坛之丙地（东南角），登中岳，封禅礼成。武则天将年号改为“万岁登封”，将“嵩阳县”改为“登封县”，将“阳城县”改名为“告成县”，以示其“登封”中岳，大功“告成”。

物华天宝 告成镇自古便是物华天宝、人杰地灵之地。告成镇文物古迹繁多，国家级重点文物保护单位 3 处，有观星台、王城岗遗址及阳城遗址；河南省级文物保护单位 2 处，有八方遗址、曲河瓷窑遗址；郑州市级文物保护单位（冶上冶铁遗址）1 处；登封市级文物保护单位 10 处。古树名木 48 株。登封古八大景观，告成有“玉溪垂钓”和“颍水春耕”。这里是秦末农民起义领袖陈胜、东汉天下良辅杜密的故里，更是大禹、尧帝、舜帝、许由、鬼谷子、武则天、郭守敬等历史名人的活动之地。数千年来，告成的每寸土地都承载着厚重的历史，每个年代都流传着动听的故事，使其成为名副其实的文化名镇。

千强名镇

新中国成立 70 年以来，告成镇历经社会主义建设、改革开放、走进新时代三个历史阶段，经济实力迅速增长。自 2017 年起，连续三年被评为“全国综合实力千强镇”。

资源起步 告成镇矿产资源丰富，共发现矿产 22 种，包括金属矿藏 4 种，非金属 15 种，其他矿藏 3 种，其中尤以煤炭、铝土矿储量最大。依托矿藏资源，告成镇从改革开放之初，就大力发展矿产资源经济，先后培育各类工矿企业 166 家。其中矿产品开采企业 12 家，砖瓦窑企业 10 家，沙石加工企业 14 家，碳素企业 11 家，铝加工企业 9 家，棕刚玉冶炼企业 35 家，磨料厂 26 家，煤生产销售企业 2 家，其他各类企业 47 家，实现了告成镇经济的第一次腾飞。

产业升级 构建“三区五园”产业布局，即：东区依托白沙湖优美自然风光，在白沙湖上游建设（告成区域）文化休闲健康产业园；中区依托观星台景区建设观星文化旅游产业园，依托告成区位优势建设新材料；西区依托“茶亭”红薯品牌，建成茶亭绿色红薯产业园。依托全镇 16 个行政村、1.3 万亩核桃建成特色核桃种植产业园。“十三五”期间，

告成新材料产业园区　刘客白　摄

茶亭绿色红薯产业园

豫科玻璃、圣戈班陶瓷、郑州新登电热陶瓷、恒美铝业等一大批企业带动全镇产业成功实现转型升级。

转型发展 依托独特的文化资源优势，大力发展文化旅游产业，积极推动矿产资源型经济向文化旅游转型。利用国家文物保护资金，对观星台文物台体保护性修复，观星台景区周边重现古镇魅力。

总量跃升 截至2018年年底，告成镇完成地区生产总值80.1亿元，第三产业增加值1.6亿元，实现社会消费品零售额12.9亿元，完成高新技术产业增加值4.6亿元，完成公共财政收入1.8亿元，完成粮食总产量1.7万吨，实现农民人均纯收入20127元。告成镇先后获得“国家卫生镇”“全国重点镇”“全国特色景观旅游名镇”“河南省文明村镇”“河南省生态镇”“河南省美丽宜居试点镇”“河南省经济发达镇行政体制改革试点镇”等殊荣，综合实力位居登封市前列。

古镇新颜

绿水青山 重拳开展环境治理，累计投资5000余万元，不断加大环卫基础设施建设力度，镇区精细化管理水平不断提升。于2013年12月，创成“国家卫生镇”，2016年、2017年两次通过“国家卫生镇”届满重创验收。严格按照“三无一规范一眼净”要求，高标准整治农村人居环境，创成省级卫生村13个，郑州市级卫生村1个。深入开展大气污染防治攻坚战，建立健全长效治理机制，加大巡查执法力度，取得明显成效。投资680余万元治理颍河河道11.5千米，颍河水质得到有效改善；深入开展颍河、五渡河、白沙湖等水系生态治理工程，群众居住环境得到极大改善。

宜居镇区 围绕建设“美丽宜居告成”的目标，大力推进新型城镇化。建成规划展示馆1座；新建中心社区、冶上新区、茶亭社区和阳城安置小区4个新型社区，建成4500

告成新貌 刘客白 摄

告成镇交通路网 • 王小慧　摄

余套68.5万平方米安置房；新修扩建15条39千米乡村道路，构建“三横三纵”的大交通网络和“五纵九横”的镇区交通网；完成郑登快速通道6条道路36.45千米生态廊道绿化和提升工程，新增绿化面积2865亩；建成卫生院、敬老院、学校、水厂、污水处理厂、民生服务中心等36项公共基础设施。

乡村振兴 大力实施乡村振兴战略，深入开展农村人居环境改善，完成北沟村、茶亭沟等5个省级卫生村和王村1个郑州市级卫生村届满复审工作；创新开展健康镇、健康村、健康主题公园试点建设工作。辖区被郑州市授予“卫生城市管理工作红旗单位”称号。

物阜民勤 积极开展“支助教育，奉献爱心”工程，累计筹资350余万元，对全镇中、小学校软、硬件进行提升；镇直一幼、二幼、三幼、中心小学教学楼相继建成投用；投资2900万元新建镇直小学，新建的镇卫生院医疗条件得到显著改善，门诊数量逐步上升。

如今的告成镇已是古镇换新颜。新中国成立70周年以来，勤劳奋进的告成人民在此兴水利、建工厂、修道路、架桥梁，产业经济迅速腾飞，镇村面貌为之巨变，省道S237、原省道S323、国道G343、郑登快速通道、汝登高速公路穿境而过，告成镇已位居全国重点镇行列。

走进新时代，新一届告成镇党委、政府将坚定不移地贯彻执行党中央政策方针，按照郑州市委、市政府“西部美”的战略部署，落实登封市委、市政府建设“美丽登封”的总体要求，充分发挥告成镇得天独厚的文化资源优势，加快产业转型升级，大力实施乡村振兴战略，加快推进“山之美、水之美、文之美、业之美、城之美、乡之美”建设，全力把千年古镇打造成彰显历史之韵、山村之秀、水韵之灵、人文之美的“美丽宜居新告成”。

基本镇情

告成历史悠久，是华夏早期文明的发祥地之一。辖区内双庙沟裴李岗文化、仰韶文化遗址的发掘，石羊关仰韶文化、龙山文化遗址的发掘，北沟村、西范店村龙山文化遗址的发掘，田家沟玉村二里头文化遗址的发掘，八方裴李岗文化、仰韶文化、龙山文化至夏都遗址的发掘，无不彰显着告成的厚重历史。中华人民共和国成立后，这座古镇发生了翻天覆地的变化，先后获得了“全国重点镇”“国家卫生镇”“全国特色景观旅游名镇”等国家级荣誉，“河南省改革发展建设综合试点镇”“河南省文明村镇”“河南省生态镇”“河南省美丽宜居试点镇”“河南省园林城镇”等省级荣誉。

建置区划

镇名由来

公元 696 年，唐女皇武则天登嵩山、封中岳，取大功告成之意，改阳城为告成。

建置沿革

告成古为阳城、阳邑，在数千年的历史中，其隶属及管辖封域几经变迁。

五帝至夏代 告成为古阳城邑。

夏 大禹曾建都阳城。

西 周 仍为古阳城邑。

春 秋 阳城属郑。

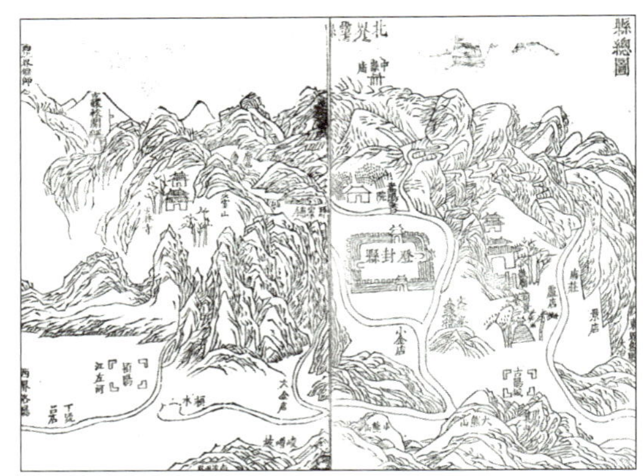

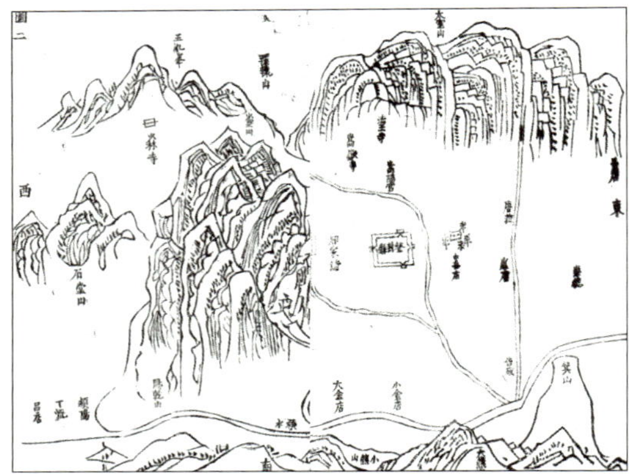

康熙《登封县志》（乾隆九年刻本）中的告成镇位置图 顺治《登封县志》中的告成镇位置图

乾隆《登封县志》（乾隆五十二年刻本）中的告成镇位置图

战 国 阳城属韩，秦王政十七年（公元前 263 年）秦灭韩，阳城归秦，属颍川郡。

秦 天下统一，实行郡县制，全国分三十六郡，阳城县属颍川郡。

汉 阳城县属颍川郡。东汉光武帝建武元年（公元 25 年）废郡国，分天下为十三州郡，设崇高县、阳城县，属颍川郡。三国时属魏。

晋 武帝太康元年（280 年）平吴国，分十九部、置司州。阳城县、缑氏县、巩县、成皋县、河阴县隶属河南郡。

南北朝 北魏献文帝天安元年（466 年）阳城陷魏。孝明帝孝昌二年（526 年）阳城县升为阳城郡，并析阳城县、阳翟县设康城县（县治在今庙庄村一带）。阳城郡领辖阳城县、颍阳县、康城县。

隋 文帝开皇六年（586 年）废阳城郡置嵩州，仁寿四年（604 年）废嵩州为阳城县，并废康城县。炀帝大业元年（605 年）改纶氏县为嵩阳县，阳城县、嵩阳县皆隶属河南郡。

唐 高祖武德四年（621 年），以阳城县、嵩阳县置嵩州，又析三县之地置康城县。太宗贞观三年（629 年）废嵩州，省康城县入阳城县，太宗贞观十七年（643 年）省嵩阳县入阳城县。武则天万岁登封元年（696 年）改嵩阳县为登封县，改阳城县为告成县。中宗神龙元年（705 年）复改告成县为阳城县，二年（706 年）阳城县复名告成县。昭宗天祐二年（905 年）告成县改阳邑县。

五 代 后周太祖显德五年（958 年）废阳城邑入登封县。

宋 在告成设曲河、费庄两镇，为登封著名三镇。

金 告成仍属河南府登封县。

明 明初告成为登封四十四里之一。明神宗万历时登封县三十六里（保），告成有刘碑里和崇德保。

清 登封设十里八镇，告成为八镇之一。民国沿之。

中华人民共和国成立后，告成为登封县第五区。1958 年 8 月成立告成人民公社，1983 年 12 月 24 日设告成乡。1994 年告成撤乡，复告成镇。

辖区变迁

1950 年，贾沟村由城关镇划归告成区，五渡村由唐庄区划归告成区，蒋庄村（含石羊关）由大冶区划归告成区。

1952 年，钟楼中心乡由告成区划归大冶区。

1958 年初，白坪中心乡、库庄中心乡由东金店划归告成区。

1961 年，白坪小公社、徐庄小公社由告成划出，单独成立人民公社，库庄小公社划归东金店人民公社。

1983 年，黄楼大队划归城关人民公社。

所辖村庄

截至 2019 年 6 月，告成镇辖有贾沟、茶亭沟、五渡、范店、森子沟、八方、韩界头、杨沟、王村、竹园、告成、北沟、双庙、曲河、袁窑、高界头、铝庄、北烟庄、南烟庄、吴家村、豹沟、苇园沟、冶上、蒋庄、石羊关、水峪、王窑、庙庄、田家沟、王家门 30 个行政村。

贾沟村 因境内贾姓最早聚居而得名。距镇区西北 5 千米，辖 5 个自然村、7 个村民组。

茶亭沟村 古时境内有许昌至洛阳大道经过，清初官府在路旁大皂角树处划官地 8 亩，竖碑曰：“凡耕种此片土地者，应设‘茶亭’为过路客商人等备茶解渴”，因此得名。距镇区西北 3.0 千米，辖 6 个自然村、8 个村民组。村民多种优质红薯，建有红薯市场。

五渡村 因有五渡河水穿境而过得名。位于镇区北 3.5 千米，辖 6 个自然村、8 个村民组。

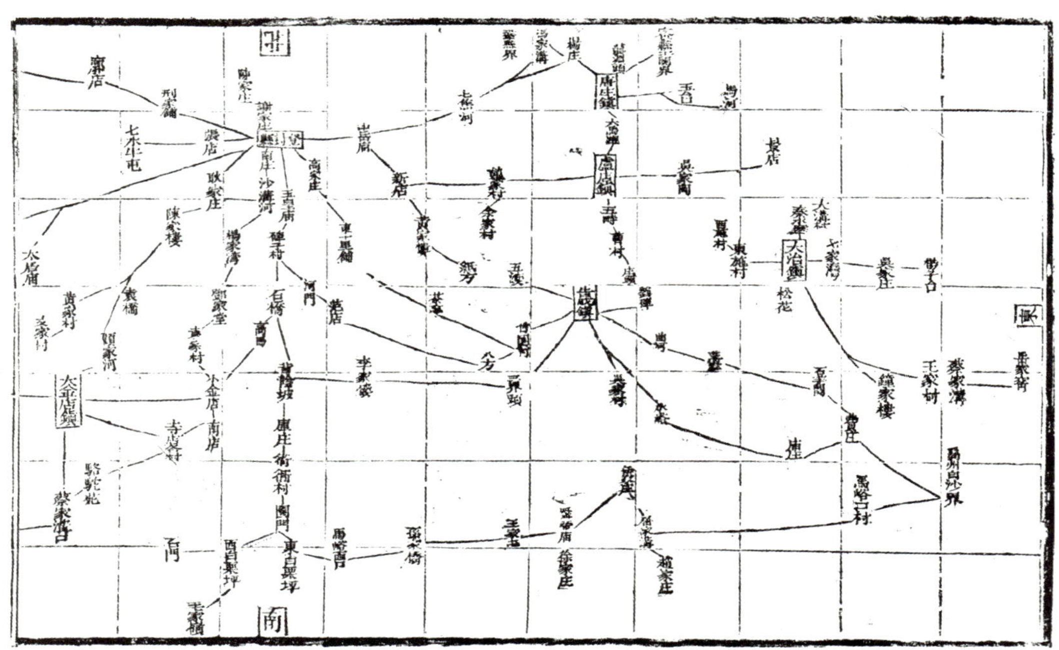

乾隆《登封县志》（乾隆五十二年刻本）中的告成镇村庄示意图

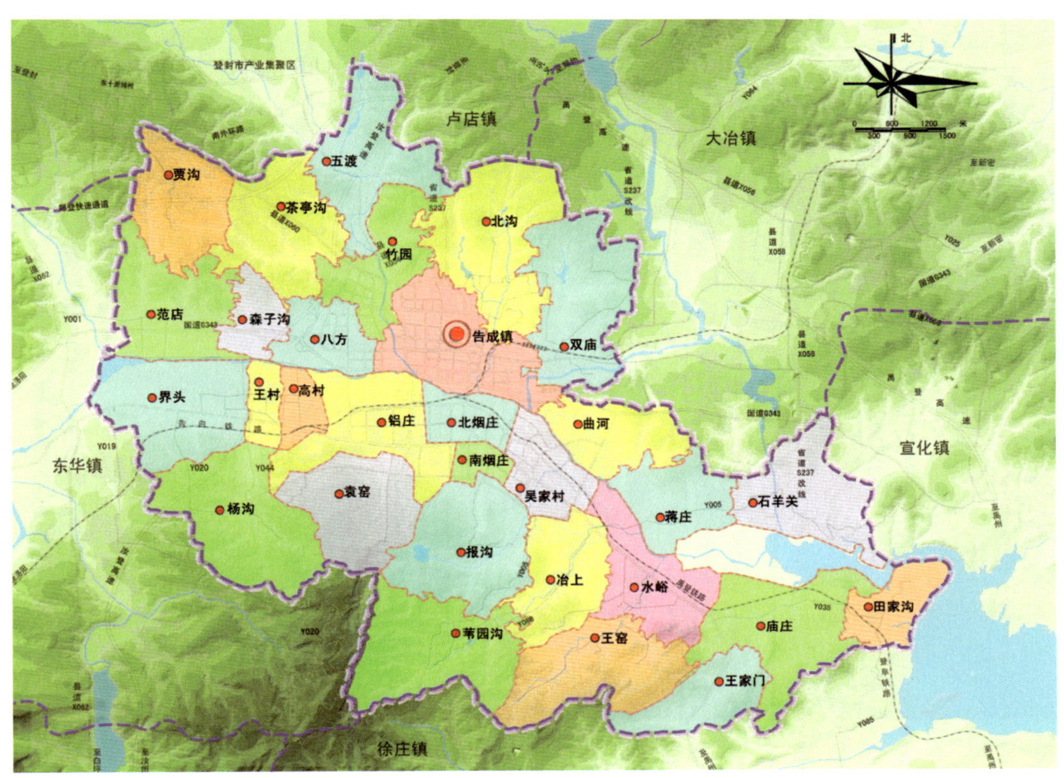

告成镇村庄区划示意图

贾沟村　李鹏飞　摄

茶亭沟村 王小慧 摄

五渡村

历史上有“五渡烟波”胜景。

范店村 古时范姓聚居，设有店铺而得名。距镇区西 3.5 千米，有西范店仰韶文化、龙山文化遗址。辖东、西范店 2 个自然村、9 个村民组。西范店遗址为登封市级文物保护单位。

森子沟村 因古时森林覆盖而得名。距镇区西 3 千米，辖 6 个自然村、5 个村民组。

八方村 距镇区西 1.5 千米，辖 7 个村民组。村内有新石器时期“八方遗址”，1963 年 6 月 20 日被河南省政府公布为第一批文物保护单位。

韩界头村 距镇区西南 4 千米，辖 4 个自然村、13 个村民组。村内养老院规模居全市之首。

杨沟村 又名廖家门村。因地处箕山北麓山涧，古时杨树繁茂而名。距镇区西南 5 千米。东西长 3 千米，南北宽 3.5 千米。辖 22 个自然村、18 个村民组。

王　村 又名王界头，因王姓最早聚居而得名。距镇区西南 3 千米，辖 5 个村民组。旱船文艺社团为登封市非物质文化遗产项目。

竹园村 因古时竹林茂密郁葱，小溪潺流，有奇象“水簸箕”“竹林夜语”传说而得名。距镇区约 1.5 千米，辖有 2 个自然村（即竹园、毛氏沟）、5 个村民组。

范店村　李鹏飞　摄

八方村 刘客白 摄

韩界头村 刘客白 摄

竹园村　李鹏飞　摄

告成村　位于镇区中部，因武则天册封告成而得名，是镇政府驻地。辖告成、南园、东南园3个自然村，东西长2.5千米，南北宽2千米，有22个村民组。有郑煤集团告成煤矿及世界双遗产（“天地之中”历史建筑群之一和农历二十四节气起源地之一）、全国重点文物保护单位观星台。

北沟村　因位于告成北部山沟而得名。辖10个自然村、13个村民组。村西有鬼谷洞，村北有国家级重点文物保护单位东周阳城遗址。

双庙村　因村内有一座一室两堂敬奉奶奶和老君的古庙而得名。位于镇区东2.8千米，辖7个自然村、10个村民组。2006年以煤矿塌陷区搬迁，在镇区建设双庙小区，建住宅8栋6层270套。

曲河村　因颍河曲折绕村而得名。位于镇区东3.5千米，辖2个自然村、4个村民组。曲河瓷窑遗址遍布村北山坡，为河南省级文物保护单位。

袁窑村　过去袁姓居多，建窑洞居住而得名。距镇区西南6千米。辖12个自然村、12个村民小组。

高界头村　相传武则天在石淙河大宴群臣在此设哨界，因高姓居多而得名。位于镇区西南3千米处，辖2个自然村、5个村民组。

告成村

双庙村

铝庄村 原名隔子沟村，20世纪90年代登封铝厂建成改名铝庄村。位于镇区南3千米，辖1个自然村、9个村民组。

北烟庄村 古时远望村庄有烟雾升腾而得名。距镇区东南2千米，辖1个自然村、3个村民组。1976年登封电厂建于该村。村内制作特色食品观星台蜜食为登封市非物质文化遗产项目。

南烟庄村 因与北烟庄同名，居南，称南烟庄。距镇区东南3千米，省道S237穿村而过。辖1个自然村、3个村民组。

吴家村 因吴姓聚居而得名。距镇区东南3.5千米，省道S237从村中穿过。辖3个自然村、5个村民组。

豹沟村 又名豹子沟，因居箕山北麓，古代林密常有豹子出没而得名。位于镇区东南3.5千米，辖7个自然村、10个村民组。

苇园沟村 因古时境内芦苇密布沟壑而得名。位于镇区东南7千米，辖9个自然村、6个村民组。

冶上村 因古时冶铁而得名。位于镇区东南5千米，辖6个自然村、5个村民组。有宋代冶铁遗址和毛女冢，分别为郑州市级和登封市级文物保护单位。

曲河村 王小吾 摄

北烟庄村、南烟庄村　刘客白　摄

吴家村　刘客白　摄

豹沟村 刘客白 摄

苇园沟村 刘客白 摄

冶上村

蒋庄村 刘客白 摄

石羊关村

蒋庄村 因过去蒋姓聚居而得名。位于镇区东南5千米处，辖3个自然村、5个村民组。

石羊关村 因颍河与上游诸水合流于此，水流湍急，两岸崖削，有崖石形似羊而得名。位于镇区东南6.5千米，西魏置阳城关。原址被白沙水库淹没，1952年迁至现址，辖9个自然村、7个村民组。2017年规划建设石羊关移民新村。石羊关域内有巢父墓、石羊关遗址、石羊关石羊、石羊关石窟登封市级文物保护单位4处。

水峪村 因大禹治水之时被颍水淤积而得名。位于镇区东南5千米，辖4个自然村、8个村民组。

王窑村 因王姓聚居并打有煤窑而得名。位于镇区东南7.5千米，辖9个自然村、9个村民组。2012—2013年，因阳城煤矿塌陷搬迁，在镇区建王窑小区，建住宅9栋6层267套。

庙庄村 因村古有寺庙而得名。位于镇区东南8千米，辖7个自然村、7个村民组。

田家沟 因田姓聚居而得名。位于镇区东南12千米，在白沙水库库区范围内。辖3个自然村、5个村民组。境内有启母洞，玉溪垂钓为登封古八景之一。

王家门 因王姓聚居而得名。位于镇区东南11千米，辖5个自然村、4个村民组。

庙庄村　刘客白　摄

田家沟村　刘客白　摄

王家门村　刘客白　摄

自然环境

地理位置

告成镇东与大冶镇、宣化镇毗邻，西与中岳街道、东华镇接壤，南抵徐庄镇，北依卢店镇。镇区中心坐标东经 113°7′，北纬 34°24′。镇域呈斜枫叶形，东西长 12.5 千米，南北宽 9.5 千米，总面积 91.5 平方千米。辖区内郑登快速通道、国道 G343、汝登高速、省道 S237、原省道 S323、县道登告公路、县道郭阳公路、登封铁路登阜段穿越而过，可捷达郑州市区、洛阳市区及新郑国际机场，区位优势明显。镇政府驻地告成村距登封市区 11 千米，东北距省会郑州 75 千米，东南到许昌 83 千米，西达洛阳 84 千米。

国道 G343 穿境而过　王小慧　摄

地貌土壤

告成镇属颍河流域浅山丘陵夹河川地带，地形呈阶梯状，颍河自西向东穿过，平均海拔 250 米左右，地势自西北向东南倾斜，浅山丘陵占据较大面积，层峦环抱，沟壑纵横，构成两山夹一川地貌格局。地貌分河川、丘陵、山区三大类型。中部以颍河两岸为河川，其土壤主要是沙土、白善土、红黏土、褐土等；北部为丘陵，其土壤是洪淤褐土、潮土、泥硅等；南部为山区，其土壤主要是红枯土、白善土、两合土、泥石土、砂石土等。全镇共有耕地 4.5 万亩。

浅山丘陵　刘客白　摄

山 脉

告成镇境内有大小山脉5座，系嵩山和箕山余脉，颍河自西向东，将其隔成南北对峙，五座山头齐朝告成镇区。

箕 山 在镇区南6千米处，因山巅形似簸箕而得名。又因山顶平坦似枕，名曰枕头山，又因上古隐士许由隐居于此，又名许由山，海拔723米。箕山东为苇园沟村、豹沟村，北为袁窑村、杨沟村，西为东华镇刘庄村，南为徐庄镇、白坪乡。呈东北西南走向，长约3千米，宽300～500米。

偃月山 由箕山向东延伸5千米，《隋书·地理志》记载："阳城有偃月山"。《旧志》记载："偃月山在箕山之右。"从东南望去山口形似半个月亮，故俗名"月牙山"。箕山

箕山 刘客白 摄

东麓发脉经王窑、王家门、庙庄至田家沟，海拔 361.7 米。《旧志》记载：“山上林深茂密，山下水波浩瀚。沿水高崖陡峭，急浪拍岸。”

玉案山　在贾沟村北，山势平缓，山石呈白玉色，故名玉案山。海拔 419.5 米。清乾隆丁未年（1787 年）《登封县志》记载：“岳庙前之南案也。颍水绕流案外。山之尾直抵阳城西，山上多白石，故名玉案。”亦称玉案岭。相传宋高宗曾到此山接其母下轿，又称“落驾山”。

云梦山　在告成镇区北部，亦称告成山、邓家山，海拔 402 米，南北走向，北高南低。阳城遗址坐落在山南部。

凤凰山　位于告成村东南，在双庙村、曲河村境内，海拔 434.8 米。山顶有卢医庙，北有石淙河缠绕，南有颍河环抱，向东延伸至大冶镇西刘碑村、东刘碑村及火石岭村。

偃月山　刘客白　摄

云梦山　刘客白　摄

凤凰山 刘客白 摄

气 候

告成镇属暖温带大陆性季风气候，四季分明。春季多风少雨，夏季炎热多雨，秋季日照充足，冬季寒冷。风力一般在 2 ~ 3 级，阵风可达 17 米 / 秒以上。年平均大风日数 26.3 天，夏季东南风居多，冬季西北风盛行。历年来最高气温 40.5℃（摄氏，下同），最低温度 −12.8℃，年平均气温 14.2℃，年温差 25.9℃。元月最冷，平均温度 0.4℃；7 月最热，平均温度 26.3℃。冬冷夏热，日照总时数 2297 小时，无霜期 225 天，日照率 52%，光照时数可满足作物一年两熟需求。降水分配不均，降水量为 563 毫升，降水主要集中在 6—8 月。

告成之春　付文龙　摄

告成之夏　宋溧珉　摄

告成之秋 刘客白 摄

告成之冬　王小吾　摄

河　流

告成是豫西山区和豫东黄淮海平原相交地带，地下汇水面积大，又有垂直于地下水走向的石淙、王屯两大断层拦截，地下水资源丰富。主要以颍河、五渡河为主。

颍　河　告成镇河流以颍河为干流，域内西起范店、东金店乡石桥村少阳溪水与颍河交汇处，经界头、王村、森子沟、八方、告成、曲河、蒋庄、水峪、庙庄、石羊关、田家沟入白沙水库进禹州境内。流经 13.5 千米。原河滩宽 500 ～ 700 米，上游经 1988—1990 年三年筑堤治理，堤内净宽 80 ～ 120 米，水深 1 米左右。颍河是券门水库的排洪河道。

颍河水量多集中在 7—9 月，盛夏汛期洪水泛滥。1956 年 6 月 20 日，颍河发生特大洪水，告成水文站测得最大洪峰流量 5130 立方米 / 秒，最大流速为 8.2 米 / 秒。1976 年，白沙水库水面上涌 5 千米至曲河村南。春、冬季水量小。历史上时有枯水断流现象，河流比降平均为 1/260。流域可灌溉面积 1.8 万亩。

五渡河　五渡河发源有三：左源出于市区迎仙阁（迎仙头），流经中岳庙圣水池入五渡河；中源出于青岗坪，经卢崖寺入左源；右源出于塔湾，经龙潭寺过焦河在五渡村西三源汇流，向南经竹园河于告成村西汇入颍河。五渡河流经告成境 5 千米，河道比降 1/143 ～ 1/18，河床宽 60 ～ 100 米，属季节河，年平均流量 0.1 立方米 / 秒。

颍河在告成境内有九条支流，北有五渡河、北沟河、石淙河，南有新庄河、袁窑河、豹沟河、冶上河、王窑河、庙庄河。

颍河　刘客白　摄

五渡河

自然资源

告成镇农作物种类繁多。其中粮食作物以小麦、玉米为主；经济作物以棉花、瓜类、蔬菜、药材为主；油料作物以油菜、花生、芝麻为主；蔬菜作物以芥菜、萝卜、白菜为主。

告成镇域内有丰富的沉积或浅变质矿藏，以煤炭、铝土矿为主，其次为石灰岩、白云岩、黏土矿、铁矿等。截至 2019 年 6 月，发现矿产 22 种，其中金属矿藏 4 种，非金属矿藏 15 种，其他矿藏 3 种。

煤　炭　告成镇素有“山乡煤镇”之称，辖区内有箕山和告成两个井田，煤炭总储量 3.1 亿吨。告成煤为二迭系山西组含煤地层，总厚度 661.23 米，含煤层（线）56 层，共分九组，矿系煤层总厚度 8.68 米。二 1 煤发热量在 5000 ~ 6500 大卡以上，最高可达 7000 大卡，五 3 煤在 5000 大卡左右。

铝土矿　告成铝土矿成半圆形分布，在镇境内的双庙—曲河—蒋庄—石羊关—庙庄—水峪，弧长 10 千米，东西长 5 千米，南北宽 6 千米，地质储量 718.31 万吨。

铁　矿　告成铁矿主要分布在曲河岭、蒋庄、石羊关和水峪等地，均为小型矿床，呈透镜状（俗说鸡窝状），储量约 27 万吨。

耐火黏土　耐火黏土矿富存于中石炭本溪组中，与铝土矿共生，用于耐火材料，可做耐火砖、耐火水泥、炼钢铁坩埚、砌糊炉体黏结料用。储量达 294 万吨。

高岭土（瓷土）　主要分布在告成曲河陶瓷厂以北，新登西沟（马窑）北坡、冶上东坡、水峪西岭、苇园沟南北坡均有出露，俗称“白干土（观音土）”“坩子土”“黑毛土”“红毛土”，为烧制陶瓷高级原料。储量约在 50 万吨以上。

人口民族

人口总量

据统计，2019 年 6 月，告成镇辖 30 个行政村，140 个自然村，237 个村民组，户籍人口 6.1 万人，常住人口 7.5 万人。

源流迁徙

告成地区曾有两次人口较大规模外迁。第一次为1952年，因修筑白沙水库，库区内费庄、庙庄、石羊关、玉村、蒋庄、钟楼等村由省政府统一安置，迁往伊川、密县、偃师、禹县、临汝等县及登封唐庄、颍阳、石道、大冶、君召等地，计600余户、2400余人。第二次移民为1958年秋，志愿向青海省支援边疆安家落户60对120名男女青年。2015年以前，镇域户籍人口缓慢平稳增长，常住人口呈现较小波浪式增长；2015年以后，告成镇以打造“美丽宜居小镇”为目标，新型城镇化快速推进，镇区石淙新居、天中花园、双庙小区等安置社区逐渐建成，镇区承载能力日益增加，人口聚集能力显著提升。至2018年年底，全镇城镇化率达51%。

民族构成

辖区居民主要以汉族为主。截至2019年6月底，全镇有少数民族82人，其中回族72人、壮族4人、土家族3人、彝族2人、苗族1人。

姓氏组成

辖区内人口较多的姓氏有李、王、刘、韩、张、冯、陈、赵、申、徐、高等138姓。

社会发展

科技推广

科　技　改革开放后，全镇科技事业迅猛发展，“科技、文化、卫生”三下乡活动逐年增加。2016年3月，利用上级资金300余万元，建成600余平方米的嵩阳农技推广站，各村配备农技推广员，在新型种子推广、农业实用技术推广、农业疾病病虫害防治等方面做出突出贡献。

告成镇中心小学科技进校园活动

告成镇农技推广员培训核桃种植技术

学校教育

改革开放以来，党和政府高度重视教育工作。学前教育、小学教育、中学教育、成人职业技术教育等各项工作，都取得了可喜成绩。2018 年，镇党委、政府组织“企业支教”活动，全镇 17 家企业捐资 320 多万元，为 7 所学校改善办学条件。

告成镇镇直第一幼儿园

告成镇镇直第一幼儿园

学前教育　2005 年，告成社会力量办幼儿园 10 所，教职工 13 名，学生 674 人；村办幼儿园 11 所，教职工 11 名，学生 379 名。2019 年 6 月，幼儿园 10 所，教职工 140 名，学生 2092 人。

登封市告成镇镇直第一幼儿园创建于 2011 年，是一所公建民营幼儿园。学校占地面积 19980 平方米，建筑面积 12203 平方米，绿化面积 4000 平方米，有 40 个教学班，教职工 82 名，学生 500 名。学校曾获“郑州市一级幼儿园”荣誉称号，在郑州市幼儿基本体操比赛中荣获一等奖。

登封市告成镇镇直幼儿园创建于 2005 年，占地面积 5400 平方米，建筑面积 2840 平方米，绿化面积 1036 平方米，教职工 60 名，学生 447 名，曾荣获“郑州市示范性幼儿园”荣誉称号。

告成矿区幼儿园建于 1998 年 9 月，属于企业办园。2017 年 8 月，学校参与国企改制，改制后属民办幼儿园。学校占地面 2746.8 平方米，建筑面积 1798 平方米，绿化面积 450 平方米，共有 6 个教学班，教职工 25 人，学生 153 人。

小学教育　1950 年，告成有小学 28 所，教职工 55 名，学生 1724 名；1982 年，有小学 28 所，教职工 418 人，学生 8986 名；2004 年，有小学 29 所，教职工 364 名，学生 5012 人；2019 年 6 月，有小学 9 所，教职工 201 人，学生 3054 人。

登封市告成镇中心小学创建于 1923 年冬，新校于 2009 年 8 月建成投入使用，占地面积 23666 平方米，建筑面积 12795 平方米。2019 年有教职工 85 名，学生 2661 名。学校曾获“省级先进家长学校”“郑州市文明学校”“郑州市德育创新先进集体”等 8 项郑州市级荣誉称号。

登封市告成镇镇直小学于 2018 年 2 月 22 日动工新建，2019 年 8 月投入使用，占地面积 47.36 亩，建筑面积 14252.38 平方米。设计规模 6 轨 36 班，有教学楼 3 栋、宿舍楼 1 栋、教研楼 1 栋、餐厅 1 栋，有标准化运动场。现有教职工 13 人，学生 1 轨 5 班 252 名。

告成镇第三小学是一所乡村小学，位于告成镇王村和韩界头中间，1998 年集资筹建，2002 年投入使用。学校用地面积 8512 平方米，生均面积 27.4 平方米。总建筑面积 1914 平方米，生均面积 5.6 平方米，拥有教学楼等基础设施，音乐室、仪器室、图书室、卫生室、阅览室等一应俱全。学校有 6 个教学班，教职工 16 名，学生 332 名。

告成镇镇直小学

登封市告成镇铝庄小学位于铝庄村，学校占地面积 5034 平方米，建筑面积 1967 平方米，学校有 6 个年级 7 个教学班，教职工 19 名，学生 275 人。学校曾获郑州市级“示范家长学校”荣誉称号。

登封市告成镇北烟庄小学创建于 1986 年，占地面积 9050.14 平方米，建筑面积 2308 平方米，绿化面积 300 平方米，有 7 个教学班，教职工 23 名，学生 263 名。学校曾获“郑州市文明学校”“郑州市文明标兵学校”等荣誉称号。

告成矿子弟小学创建于 1998 年，占地面积 2648 平方米，建筑面积 1147.21 平方米，绿化面积 1000 平方米，现有教职工 14 名，学生 198 名。

中学教育　20 世纪 90 年代后，告成镇共有 5 所初中，在校教职工 138 名，学生 3259 人。随着告成镇新型城镇化快速推进，农村人口逐渐向镇区集中，2019 年 6 月，中学合并为一所。登封市告成镇初级中学始建于 1976 年，占地面积 43001 平方米，建筑面积 15896.42 平方米，绿化面积 7200 平方米，有教职工 111 人，学生 1537 人。学校曾获“中小学德育教育先进单位”“郑州市级标准化初中”“郑州市文明学校”“郑州市中小学德育创新先进集体”等荣誉称号。

告成初中

中职教育 登封市中等专业学校是登封市唯一国家级重点中等职业学校，位于告成镇区内。学校前身是创办于 1956 年的登封四中，1992 年迁建新址，1996 年被评为首批国家级重点职业学校，2001 年被确定为河南省中等职业示范学校，2016 年 11 月被确定为第二批河南省中等职业教育特色学校。2017 年 6 月，省教育厅批准设立综合高中班。2018 年，告成四中与原登封市第二中等专业学校合并，成立新的登封市中等专业学校，分别是告成校区和卢店校区，在校教职工 92 人，学生 1200 人，是一所集职业技术培训、职业技能鉴定、职业介绍服务于一体的市属综合性高级技工学校。

登封市中等专业学校

告成镇卫生院

医疗卫生

2011年年底，建成集基本医疗服务、预防保健、基本公共卫生服务为一体的新卫生院。卫生院现有职工61人，专业技术人员56人，住院部开设床位60张。全镇30个村建成30个标准化卫生所，有执业医师6人、助理医师6人、乡村全科医师8人、乡村医生25人。村民足不出村就能享受到公共医疗服务。

文化体育

2018年，镇政府投资300万元建成3.6万平方米的社会主义核心价值观主题暨健康主题公园一座，位于镇区五渡河畔。各村建设文化广场和文化大院，配备完善的文体设施，利用春节、元宵节、端午节、中秋节等中国传统节日，组织民俗文化展演、经典诵读、广场舞等文化活动。截至2019年6月，建成告成镇体育健身站点30个，农民健身工程30余个。

社会主义核心价值观主题暨健康主题公园　刘客白　摄

吴家村文化大院　王凯旋　摄

告成镇 2018 年“庆七一”篮球赛

告成镇传统节日民俗文化展演

告成镇农民健身工程

社会保障

近年来，告成镇加快社会保障体系建设步伐，强化城乡居民养老及医疗保险征缴日常管理，确保养老和居民医疗保险工作持续、稳定、健康发展。

2008 年开始，全镇征缴养老保险，每人每年缴纳 100 元以上不等。2019 年，全镇参保人数 11960 人。

2007 年开始，全镇征缴城乡居民医疗保险，最初个人每年缴纳 10 元，随后逐年增长，保障范围也不断扩大。2018 年年底，个人缴纳 220 元，全镇居民医疗保险参保人数为 42330 人；2019 年个人缴纳 250 元。

社会福利 中华人民共和国成立后，告成历届党委政府重视对困难、五保家庭救济、救助。

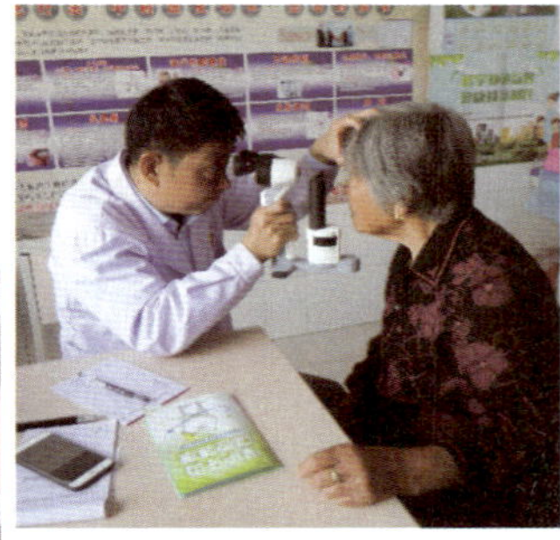

告成镇卫生院义诊活动

告成镇便民服务中心 申腾飞 摄

村民社会保障卡办理之一 申腾飞 摄

村民社会保障卡办理之二 刘客白 摄

1993 年，在杨沟村建成告成敬老院。2012 年，告成敬老院搬至镇区，2019 年，敬老院重新提升改造，现可供养老人 80 人。

2018 年，镇政府投入资金 336 万元，发放救灾物资救助 513 户 1446 人，临时救助 670 户 2039 人，使 94 户 205 人低保户，173 户 173 人五保户，以及老弱病残等弱势群体享受各类福利救助。

告成镇敬老院 刘客白 摄

韩界头村养老院 王凯旋 摄

居民生活

衣 中华人民共和国成立初期，服装以简洁、朴实为主。20 世纪 80 年代，人们对穿衣有了更高的追求，款式多样，造型和装饰具艺术性。进入 21 世纪，人们生活水平提高，穿衣打扮讲品位，讲时尚。不一样的人群彰显不一样的穿衣风格。

食 中华人民共和国成立之初，温饱是人们亟须解决的首要问题。从之前的野菜、粗杂粮、米、面粉到现在肉、蛋、水产品、水果等众多种类食品出现在餐桌上，体现了人民生活的提高。21 世纪，人们开始注重食物品质，注重营养性、科学性、均衡性和多样性。

住 中华人民共和国成立前，告成人民生活比较艰苦。房屋多为窑洞及土瓦房，随着告成经济快速发展，“楼上楼下电灯电话”，改变了人们的传统民居。现如今，人们都住上了自建楼房或单元式住宅，居住环境及配套设施正发生着巨大的变化。

行 改革开放之前，路况较差，人们的出行方式主要是步行。随着生活不断提高、基础设施不断完善，自行车、摩托车逐渐进入群众生活。20 世纪 90 年代初，公共交通、私家车出现，现已成为居民的主要交通工具。2016 年以来，新能源汽车步入群众家庭生活。

告成镇新型社区单元式住宅　刘客白　摄

告成镇区天中大道 刘客白 摄

精神文明创建

改革开放以来，全镇积极响应党中央号召，开展“五讲”（讲文明、讲礼貌、讲卫生、讲秩序、讲道德）“四美”（心灵美、语言美、行为美、环境美）“三热爱”（热爱共产党、热爱祖国、热爱社会主义）活动。全镇开展“好媳妇”“好公婆”“五好家庭”“十星级文明户”等评定活动，倡导文明新风。

进入 21 世纪以来，全镇认真贯彻落实“以德治国、依法治国”的指导方针及《公民道德建设实施纲要》精神，积极加强精神文明建设。

2013 年，告成镇创成河南省文明村镇。

2016 年，告成村创成河南省文明村，五渡村创成登封市文明村。

2017 年，茶亭沟村创成登封市文明村。

2018 年，水峪村、竹园村、北沟村、贾沟村、韩界头村、八方村、苇园沟村、杨沟村、王家门村、豹沟村、南烟庄、铝庄 12 个村创成登封市文明村。

2018 年，全镇评选出“文明（最美）家庭”75 户及“道德模范”49 名。全镇积极开展志愿服务活动，成立镇级志愿者服务队 2 支，商户志愿者服务队 113 人，学雷锋志愿者服务队 382 人。2018 年镇村两级共开展志愿者服务活动 532 次。

告成镇文明家庭暨道德模范表彰

告成村精神文明建设表彰活动

茶亭沟文明村

2018 年，全镇建成镇级新时代文明实践所 1 个，村级新时代文明实践站 31 个。在全镇开展“文明（最美）家庭”及“道德模范”评选活动，开展尊老爱老活动，利用重阳节开展孝道文化活动，先后组织孝道文化进家园活动 67 场次。

竹园村尊老爱老活动

2019 年，全镇以创建“全国文明村镇”为目标，深入开展文明“五进”活动，即文明创建进机关、进学校、进企业、进门店、进家庭活动，提高全社会文明程度。

乡镇建设

镇区规划

1996 年，委托河南省科学院地理研究所编制告成镇总体规划，规划面积 1.2 平方千米。

2005 年，随着新型城镇化快速发展，农村人口不断转移到镇区，组织对总体规划进行修编，镇区面积 1.8 平方千米，镇区人口达到 1 万人。

2010 年，观星台申报世界文化遗产成功，观星台周边居民全部搬迁，河南省规划设

计研究院有限公司对《登封市告成镇总体规划（2010—2030 年）》进行修编，观星小区、石淙街中段、观星路居民安置区、双庙小区相继建成；禹都路、嵩颍路、天中路、告成大街、农贸市场建成使用；观星台周边绿化和配套设施投入使用。镇区面积达到 2.2 平方千米，镇区人口达到 1.5 万人。

2012 年 6 月，镇政府邀请河南省规划设计研究院有限公司编制完成了《登封市告成镇控制性详细规划》。设计镇区规模 3.04 平方千米，人口规模 3.6 万人，规划建设石淙新居、天中花园、王窑社区等新型农村社区；民生中心、镇卫生院、镇直小学、镇直幼儿园、垃圾中转站、自来水厂、污水处理厂、文化活动中心和法庭、派出所、电管所、工商所、税务所等基础设施和公共服务设施同步规划。

2017 年，镇政府聘请郑州市规划勘测设计研究院和郑州市嵩山规划设计院有限公司重新编制了《登封市告成镇总体规划（2017—2030 年）》，规划镇区面积达到 4.27 平方千米，城镇人口 4.3 万人。

镇区建设

2007 年，镇区建成新型农村社区双庙小区。后来，王窑社区、石淙小区、天中花园等新型农村社区相继落成，镇区框架不断拉大。镇区基础设施不断完善，新建游园 3 处，健身活动场所 2 处。建设日供水能力 3000 吨的镇区水厂一座、日处理能力 5000 吨的污水处理厂一座。完成阳城大道花池及人行道改造提升，对辖区内 5 条道路进行绿化亮化，中心小学教学楼、镇直第一幼儿园、9 个垃圾中转站。对供电设备进行扩容，建设了新的卫

告成镇区一瞥　刘客白　摄

生院、地税所、民生服务中心、工商所、供电所、国土所等单位。镇区面貌焕然一新，村民的居住环境由分散向社区集中，居民生活质量不断改善。

村庄建设

随着新型城镇化的快速发展，各村面貌发生日新月异的变化，30 个行政村全部实现安全供水。农村公路实现组组通，村村建有农家书屋、文化大院，卫生室内职业医师上岗。各村实行人居环境综合整治，建立专业的环卫队伍，实施垃圾“户分类、村收集、镇转运、市处理”。

2018 年，全镇 10 个行政村开展污水治理、农村改厕工作，进一步改善群众居住环境。

道路交通

据清乾隆丁未年（1787 年）《登封县志》记载：辖区内有古道 9 条。最重要的是两条至禹州古道：一条由登封经竹园、告成、庙庄、费庄至禹州；另一条由登封经黄楼、告成、曲河、石羊关、费庄至禹州。

2015 年以来，告成镇交通路网逐渐形成。汝登高速公路、郑登快速通道从境内西部和北部穿境。国道 G343、省道 S237 和原省道 S323 在镇区呈十字状交叉，是通往洛阳、许昌、巩义、新密等地的主要交通枢纽地。镇区内南北方向依托省道 S237、县道 X020、县道 X046 与乡道相连，东西向依托原省道 S323 和乡道连通，辖区内乡村公路共计 81.17

国道 G343 刘客白 摄

千米。登封铁路（单线）西连焦枝线，东衔京广、京九线，东南衔接永城，呈人字形交会于颍河南岸焦山头，与告成大桥形成铁路、公路、水道三交汇，构成告成交通大动脉。

国道 G343 东起大冶镇，西至东华镇。告成境内 12 千米，2014 开工年建设，2016 年通车。双向 6 车道，路面宽 50 米，两侧绿化带各 20 米。

原省道 S323 东起告成镇双庙村，西至东华镇，境内全长 10 千米。1960 年，由告成民工义务修筑；1996 年，按三级标准进行改扩修建；2012 年，对沥青路面进行重新铺设；2013 年，在公路两侧建设宽 10 米的生态廊道。

省道 S237 北起北沟村肖家沟，南至王家门村，在 1932 年所修山间小道基础上扩建而成。20 世纪 60—80 年代，历经 7 次扩修。2002 年，扩建成双向四车道，达到二级公路标准，告成境内 16 千米，是告成通往巩义许昌的交通要道。公路两侧各有生态廊道 20 米。

郑登快速通道 位于告成镇区北侧，东起五渡村，西至贾沟村，告成境内 6 千米，2012 年建设，2015 年通车，分别在五渡、茶亭沟村设有出入口。两侧各有生态廊道 50 米。

汝登高速（焦桐高速告成段） 东北起五渡，西南至杨沟村，横跨一沟（茶亭沟）两河（五渡河、颍河），告成境内 9 千米，在八方村西设有告成服务区。2013 年开工建设，2016 年建成通车。两侧各建成 50 米生态廊道。

原省道 S323　刘客白　摄

省道 S237　刘客白　摄

郑登快速通道　刘客白　摄

汝登高速 刘客白 摄

登告公路 王小慧 摄

登告公路 南起告成，北至中岳街道东十里铺，告成境内9.5千米。途经告成、竹园、茶亭沟、贾沟，横跨焦桐高速、郑登快速通道。2005年，竹园改道，将观星台后路段改到观星台北300米处，与省道S237连接，公路两侧各有30米绿色生态廊道。

供 水

中华人民共和国成立前，辖区内居民主要通过共用井，挑水食用。随着居民房屋由窑洞向泥、砖、石转变，各户在院内自建深井用水。1995年，告成镇北沟村首次用上自来水，通水112户400余人。2001年，9个村用上自来水。2012年10月，为适应新型城镇化建设需要，在镇区东部建供水厂一座。2013年11月建成投入使用，总占地面积16.24亩，建筑面积500余平方米，铺设给水管网2400米。2019年6月，投资360余万元新铺设给水管网4200米，基本实现镇区供水全覆盖。

供电

1976年，在北烟庄建成登封电厂，1985年又建成发祥电厂和登电自备电厂，发电与国网连接。辖域内建有吴家村、曲河、阳城、观星、宣化（茶亭）五家变电站，均为国家电网统调变电站，总容量达510千伏，为全镇人民生产生活提供了充足的电力保障。

供气

镇域范围内沿五渡河西岸及登封铁路有现状D400次高压燃气管线。沿五渡河东岸及原省道S323有现状D400～D500中压燃气管线，向镇区及部分工业企业供气。

排水

1986年，阳城大道建成排水管道1300余米。2008年，排水管道在镇区主要道路全面贯通。2018年年底，在镇区南侧建日处理能力3000吨及日处理能力1000吨的污水处理厂各1座，实现镇区污水无公害化处理。同时，在13个村率先完成污水管道铺设40千米。

宣化（茶亭）变电站　王凯旋　摄

绿　化

告成镇辖区内林地总面积 46400 亩。其中国家级公益林 9567.7 亩，全镇有 9 个村省级生态村。

中华人民共和国成立后，告成镇一直重视生态建设工作，通过散煤治理、矿坑恢复、土地复垦、植树造林、河道治理等措施，逐步提高生态环境治理力度。同时发动广大群众和造林大户积极植树造林，营造全社会进行生态建设的氛围。

20 世纪 90 年代初告成镇植树造林

生态告成　刘客白　摄

2012 年以来，告成镇实施生态廊道建设，投资 8000 万元建设 7 条生态廊道，绿化里程 38.2 千米，绿化面积 3300 亩，全年保持良好道路景观。逐步实施退耕还林，荒山绿化工程，保护自然生态。实行产业结构调整，重点发展特色种植业、林果业，打造生态告成，发展绿色经济。2012 年以来，全镇新造林 2.1 万亩，森林覆盖率提高到 33.61%。

环境保护　党的十八大以来，以习近平生态文明思想为指导，全力打造生态美丽告成。一是打好大气污染防治攻坚战，对辖区工企业及燃煤锅炉进行拆除取缔，开展散煤治理活动，对散煤使用商户集中整治。二是打好水污染防治攻坚战，对颍河、五渡河沿线的散养殖、垃圾、杂物等进行集中排查治理，生态修复，加宽河床，改善水质。同时加强站点周边环境管控，通过调度、管控等系列措施改善全镇空气指数。三是优化工企业机构，加快资源整合力度及传统产业整合进度，鼓励引进新型高新技术绿色环保型产业。

生态建设　党的十八大以来，按照习近平总书记“绿水青山就是金山银山”的理念，全镇进行生态绿化建设，完成原省道 S323、国道 G343、郑登快速通道、汝登高速公路、登告公路等全长 38 千米生态廊道绿化。在石羊关村、田家沟村进行围村林建设。2019 年，在第十一届全国少数民族传统体育运动会期间，对观星台景区进行景观提升，绿化面积 200 亩。结合镇区建设，对阳城大道、告成大街、禹都路、天中大道 4 条道路进行景观改造。

河道治理　2017 年，全镇建立河长制，持续不断对镇域河流、水库开展巡河（库）活动。2017 年 8 月，投资 300 万元，对五渡河镇区段进行绿化提升，对玉溪游园绿化 3 万平方米，打造水体景观 3 处。2018 年，投资 680 万元，完成 11.5 千米颍河河道治理。

20 世纪 90 年代初告成镇植树造林

20 世纪 80 年代颍河河道治理

观星台景区绿化　刘客白　摄

颍河生态修复工程 王凯旋 摄

环境卫生

镇区各主要路段设置果皮箱360个，二类以上公厕8座，压缩式垃圾中转站4座，垃圾转运车6辆，洒水车3辆，自动洗扫车2辆。全镇设置地埋式垃圾中转站128座，垃圾按照“户分类、村收集、镇转运”机制运行，做到“日产日清”，人居环境极大改善。

道路自动洗扫车

党建政事

党　委

1939年2月，中共地下党登封县告成区委成立，随后八方、烟庄、界头、袁窑、西范店先后建立了中共地下党支部。

1948年5月，告成解放，7月成立中共登封县委告成区分委。截至1949年年底，全区共有农村党员22人。

1958年8月，中共告成区委员会改为中共告成人民公社委员会，党员378人，党支部7个。

1983年12月，实行政社分开，告成公社改为告成乡，告成公社党委改为中共告成乡委员会。全乡党员857人，党支部41个。

1994年9月，经河南省人民政府批准，告成撤乡建镇，成立中共告成镇委员会。全镇党员888名，党支部37个。

十八大以来，党的建设迈出新步伐，党委以推进“两学一做”活动为契机，落实“党政同责”“一岗双责”，强化党员干部理想信念和党性党风教育。2018年，以“支部建设年”活动为契机，建成镇党群服务中心，完成了30个行政村（社区）党群服务场所功能提升，以“党建领航 六村联创”为载体，全面推动全镇党风廉政建设。

2019年6月，告成镇有党员2485名，下辖58个基层党组织。

苇园沟村党群服务中心　刘客白　摄

八方村党群服务中心

石羊关移民新村党群服务中心　刘客白　摄

告成镇国庆七十周年“歌唱我和我的祖国”活动

社会主义核心价值观主题公园　刘客白　摄

政 府

1948年5月，告成解放，7月成立告成区公所，8月成立告成区政府，为登封县第五区。

1950年，告成区人民政府成立。

1954年，改区人民政府为区人民委员会。

1958年，成立告成人民公社。村设大队、村下设生产队。

1961年冬，行政区域重新划分，白坪、徐庄分出。

1962年，告成、界头、水峪三个公社合并为一个公社，成立告成人民公社管理委员会。

1983年12月，公社改乡，成立告成乡人民政府。

1994年，告成撤乡设镇，告成乡人民政府更名为告成镇人民政府。

人 大

1951年，告成区召开各界人民代表大会，出席代表90人，选举产生了区人民政府领导班子。

1954年，告成区第二届人民代表大会召开，出席代表85人，选举人民委员会组成人员。

1996年，镇第八届人民代表大会召开，出席代表63人。告成镇撤乡建镇后，人大届次按原届延续。

2004年，告成镇第十届人民代表大会召开，出席代表69人。乡镇人大代表任期由原来的3年改为5年。

2018年，告成镇第十三届人民代表大会召开，出席代表70人。同年，告成镇在辖区内设置5个人大代表联络站。

政 协

1987年5月，成立告成乡政协联络组。1998年2月，改称告成镇政协工作联络委员会。2018年年底，告成镇建立政协委员之家，成员7名，每年对各行业、各战线做出突出贡献的人士进行表彰。

共青团

1951 年，成立中国共产主义青年团告成区委员会。

1994 年 9 月，告成撤乡建镇后，于当年 10 月成立共青团告成镇第一届委员会。

1999 年 8 月，告成镇团委进行了第二次换届，并组建了新的团委班子。

进入 21 世纪，共青团组织号召全镇青年争当岗位业务标兵，开展各种志愿者服务活动充分发挥当代青年的先锋作用。2019 年 6 月，告成镇团委召开第三次代表大会，选举产生团委委员 11 名，选举书记 1 名、副书记 3 名。

妇　联

1951 年，告成镇妇女联合会成立。

1993 年，告成乡召开第八次妇代会。妇联在深入贯彻《中华人民共和国婚姻法》，保护妇女儿童合法权益，不断提高妇女自身素质等方面，起到了应有的作用，做出了极大的贡献。

妇女之家"绿城妈妈"志愿者服务队

告成镇巾帼志愿者服务队

2017 年，镇妇联依托村“妇女之家”阵地平台，建立“绿城妈妈”志愿者服务队伍。发动广大妇女群众，开展垃圾分类、清洁家园、村庄绿植、变废为宝、环保酵素制作五大行动。成功申报评选郑州市 2 户最美家庭、申报 1 户河南省文明家庭、申报 1 户河南省“最美家庭”、申报 2 家郑州市和睦家庭标兵户。

2018 年，镇妇联组织各村开展“绿城妈妈”“教子有方”等创建活动，以实际行动维护妇女儿童的合法权益。

工　会

1993 年，告成乡设立机关工会，成员由国家干部和公立教职工组成。

2004 年 9 月，告成乡又先后组建阳城集团等两个规模企业工会和 20 个小企业工会组织，发展会员 2000 名。

2004 年 12 月，告成镇工会联合会第一届会员代表大会召开，成立了镇工会联合会，设立工会主席。

2015 年 3 月，告成镇工会创成郑州市“达标工会”。

2016 年 11 月，告成镇工会成为河南省级规范化建设示范点。

2017 年，告成镇工会图书室于荣获“郑州市级职工书屋”称号。

河南省
文明村镇
河南省精神文明建设指导委员会
2013年12月

授予：
全国重点镇

国家特色景观旅游名镇
告成镇

河南省科普示范乡(镇)
河南省科学技术协会
二〇一五年十月

河南省郑州市告成镇
国家卫生镇
(2017-2019)
全国爱国卫生运动委员会

授予：登封市告成镇
河南省园林城镇
河南省住房和城乡建设厅
二〇一七年十二月

二〇一七年度
河南省先进综合文化站(文化中心)
河南省文化厅
二〇一八年六月

在第十一届全国少数民族传统体育运动会
筹办工作中成绩突出，授予集体二等功
中共郑州市委 郑州市人民政府
二〇一九年十月

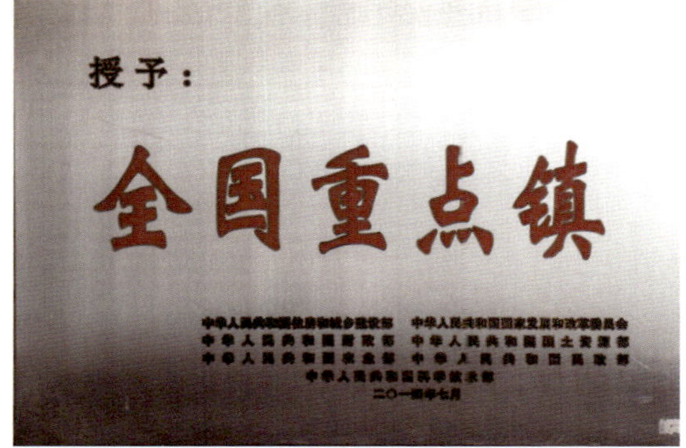

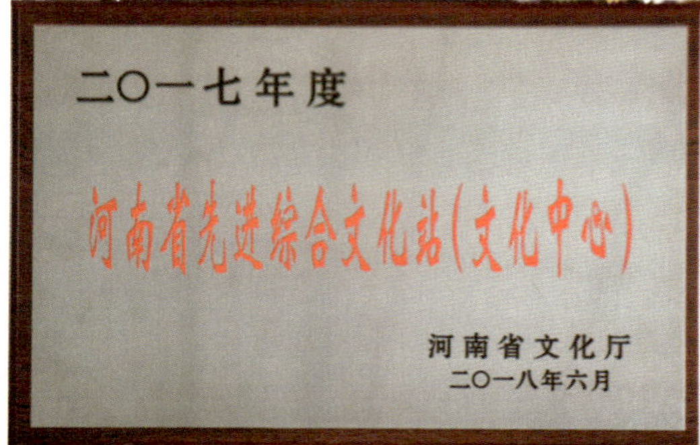

告成镇所获部分荣誉

世界文化遗产登封『天地之中』历史建筑群——观星台

嵩山历史建筑群以中岳嵩山为景观和文化依托，集中分布在少室山、太室山周边 40 余平方千米的区域内，真实地保留了中国历代礼制、宗教、科技和教育等各种主要建筑类型的最高代表作品，在历史上成为这些建筑类型的初创制度和形制典范，并且凝聚着具有深远、广泛影响的东方文明传统核心理念、信仰、科技和建筑艺术，综合体现东方文化的悠久历史和突出成就，具有全球突出普遍价值。

中华文明经历了长达数千年的多民族、多文化融合的历史。许多重大历史事件、人物活动都为嵩山历史建筑群所见证。“中国”的“中”所代表的“世界之中心”的理念，曾主宰中国 2000 余年的王朝和臣民的世界观、处世哲学与行为实践。中国的圣山崇拜体系在中国被认为关系到政权和国家的安危。长期以来，这个体系包括了东岳泰山、西岳华山、南岳衡山、北岳恒山和中岳嵩山。作为中岳，嵩山则成为了核心之核心，是“中国”之中，也被认为是“世界之中”“天地之中”。正是建立在这个信仰的基础上，嵩山地区以其强大的地域吸引力汇聚并保留下了一系列不同时代、不同类型的最高代表作品，构成了一处人类文化遗产的宝库。

作为科技建筑的观星台创建于元世祖至元十三至十六年（1276—1279 年），是中国现存最古老的天文台，也是世界上现存最早的观测天象建筑之一，具有科技史、建筑史上独特的历史地位。观星台建筑群中还有唐代竖立的名为“周公测景台”的石表，与周公庙、帝尧祠一起，更加深刻地反映出古人心目中把嵩山作为文化发祥地的认识，以及作为“天地之中”的观念和信仰。

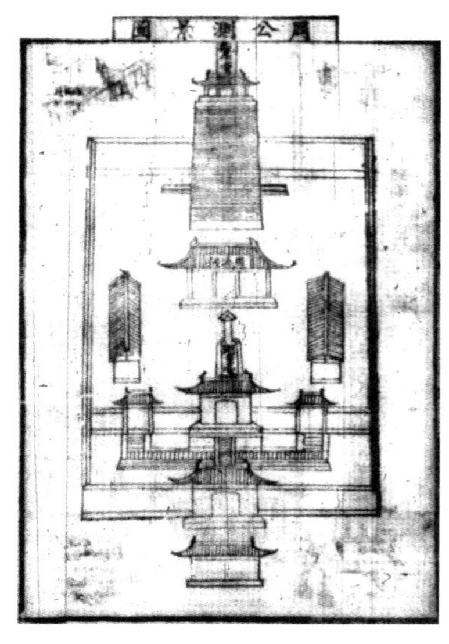

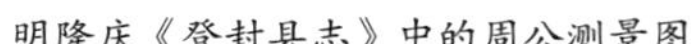
明隆庆《登封县志》中的周公测景图

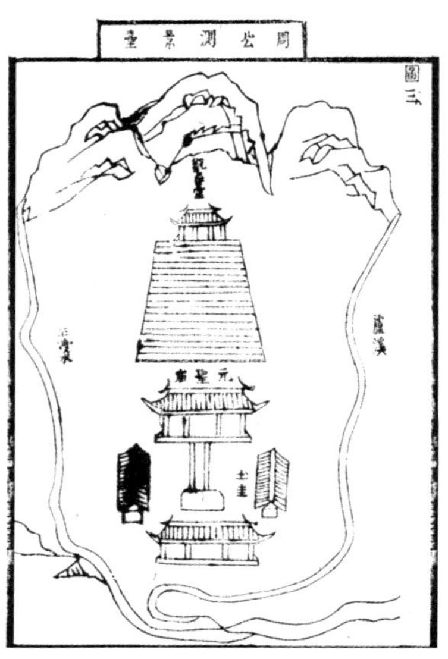

清顺治《登封县志》中的周公测景台

康熙《登封县志》测景台图

观星台

观星台位于登封市东南 11 千米告成镇告成村，坐北朝南，背依告成山，面对箕山，西倚王岭尖，东傍双庙岭，南临颍水，又有石淙河、五渡河环绕，是一处环境清幽的胜地。观星台创建于元世祖至元十三至十六年（1276—1279 年），形如覆斗，体型高大，灰砖砌筑，细腻挺拔，是保存完好的元代天文建筑。观星台是郭守敬在当时所建的 27 个观测站的中心天文台。经过郭守敬、王恂等人在观星台的辛勤观测与推算，在至元十八年（1281 年）颁布了当时世界上最先进的历法——《授时历》。此历法求得的回归年周期为 365.2425 日，合 365 天 5 时 49 分 12 秒，其精确度与现今世界上许多国家使用的《格里高利历》相当，并早了 300 年。与现代科学推算的回归年周期 (365 天 5 时 48 分 46 秒) 相比，仅相差 26 秒。在观星台南 14.3 米的周公测景台，是唐代在西周测日影定地中的基础上修建的重要天文遗迹。观星台是中国现存最古老的天文台，也是世界上现存最早的观测天象的建筑之一。

观星台和周公测景台、周公庙等组成一座完整的院落，南北长 213 米，东西宽 95 米，占地面积 20235 平方米，建筑面积 1600 平方米。除测景台和观星台两座天文科技建筑外，中轴线上还保存有照壁、大门、戟门、周公祠、帝尧殿等明清建筑。位居“天地之中”的观星台、测景台，历来都是中国的天文观测中心。观星台院内现存碑刻 9 通 (表)，还有复制的天文仪器文物。这些文物与观星台、周公测景台有密切关系，也是与天文观测有关的重要历史遗存。

照 壁 在大门前6.4米，清代乾隆十三年（1748年）建，高5米，长7.14米，宽0.9米，嵌有清代知县施奕簪撰写的“千古中传”青石匾额一方，是阳城为“天地之中”的实物见证。

大 门 清代建筑，高6.7米，长8.1米，宽5.03米，面积40.7平方米，面阔三间，进深二间，硬山式建筑，大门青石明柱上刻有对联：“石表寓精心，氤氲南北变寒暑；星台留古制，会合阴阳交雨风”，概括了观星台和测景台的作用和价值。

戟 门 在大门北28.5米。清代建筑，高10.56米，长9.7米，宽8.25米，面积80.02平方米，面阔三间，进深三间，硬山式建筑。

测景台 在戟门北11.9米。唐代建筑，通高3.91米，圭表各高1.95米，背后刻有对联：“道通天地有形外，石蕴阴阳无影中”，唐代南宫说将周公土圭木表换为石圭石表。

周公祠 在测景台北4.86米，明弘治十四年（1501年）建，高7.22米，长10米，宽10.81米，面积108.1平方米，面阔三间，进深二间，硬山式建筑，前有卷棚式抱厦供奉元圣周公。

帝尧殿 在观星台后49米，清代建筑，高7.22米，长10米，宽10.81米，面积108.1平方米，面阔三间，进深二间，硬山式建筑，前有卷棚式抱厦。

观星台 在周公祠后2.22米，元世祖至元十三至十六年（1276—1279年）建，由砖砌覆斗状的台身和石圭两部分组成。台身有明显收分，下大上小，台高9.46米，加顶部

照壁 刘客白 摄

小室通高 12.62 米。台底边长 16.55 米，占地 108.4 平方米。在台身北面，设有两条对称砖石踏道，可盘旋登台。台的北侧中轴线位置从台底到台顶砌出竖向凹槽相当于直立于地面的“铜表”，顶部则架设横梁。台下地面在凹槽正北用 36 块青石平铺成石圭，通长 31.19 米，用以测量日影的长度。圭和表互相垂直，整个观星台是一座建造精密的天文仪器。观星台的表高是原有 8 尺之表的 5 倍，圭的尺寸也随之加大，并在圭的表面放置可以平移的“景符”，将日影通过小孔聚焦，使测量太阳投影变化的精度大大提高。观星台为《授时历》的编制提供了科学数据。

“千古中传”青石匾额　王小慧　摄

大门　王小慧　摄

戟门　刘客白　摄

测景台之一

测景台之二 刘客白 摄

周公祠之一 刘客白 摄

周公祠之二

帝尧殿 刘客白 摄

观星台 刘客白 摄

砖石踏道　刘客白　摄

“铜表”及横梁

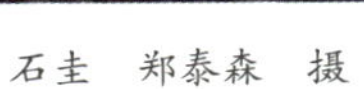

石圭　郑泰森　摄

观星台碑刻清单如下。

观星台碑刻及其他类型文物清单

名称	年代	材料	形制特征	保存状况
告文碑	明正德十五年（1520 年）	石	在周公祠前。高 1.50 米，宽 0.70 米，陈凤梧撰文，记述祭祀周公的制度和情况	完好
重修测景台碑	明嘉靖七年（1528 年）	石	在周公祠前。高 1.5 米，宽 0.64 米，伦叙文撰文，王晋卿书丹，记述明代重修测景台的经过	完好
周公祠堂记	明嘉靖七年（1528 年）	石	在周公祠前。高 1.6 米，宽 0.65 米，王晋卿书丹，介绍了创修周公祠的经过	完好
重修元圣周公祠记	明万历十年（1582 年）	石	在周公祠前。高 1.92 米，宽 0.71 米，孙承基撰文，傅如玉书丹	完好

续表

名称	年代	材料	形制特征	保存状况
谒周公测景台诗碑	明万历年间	石	在周公祠前。高 1.75 米，宽 0.70 米，郑大原撰诗并书丹	完好
重修周公庙碑	清康熙十五年（1676 年）	石	在周公祠前。高 1.47 米，宽 0.56 米，李汝琦撰文，杜预书丹	完好
董榕诗碑	清乾隆十五年（1750 年）	石	在周公祠前。高 1.25 米，宽 0.21 米，上刻董榕游观星台时撰诗	完好
周公庙祭祀记	清乾隆二十年（1755 年）	石	在周公祠前。高 1.50 米，宽 0.52 米，郜煜撰文，记述了清代祭祀周公的情况	完好
重修元圣庙碑记	清光绪十九年（1893 年）	石	在周公祠前。高 1.80 米，宽 0.67 米，刘惠麟撰文，张明伦书丹	完好

沿革与保护

观星台创建于元世祖至元十三至十六年（1276—1279 年）。明朝弘治十四年（1501 年）河南知府陈宣命知县祁珩在此处建周公庙。正德十五年（1520 年）陈凤梧重修周公庙。嘉靖七年（1528 年）知县侯泰重修周公庙，并对观星台台体与石圭进行了维修，并在台顶北部建造了小室。万历四十年（1612 年）知县傅梅再次修缮周公庙。清康熙十五年（1676 年）、乾隆三十二年（1767 年）、嘉庆十四年（1809 年）、光绪十九年（1893 年）均对庙宇进行重修。1944 年，侵华日军炮击观星台，致使台顶小室部分倒塌，台体外表局部受损，留下了弹洞枪痕。1975 年，国家文物局拨款，登封县文物保管所检修了大门、照壁、周公测景台和被日寇炮击损伤的观星台台体表面以及台顶小室。1983—1984 年，检修了戟门、周公祠殿顶。2004 年，登封市文物管理局维修复原了帝尧殿。

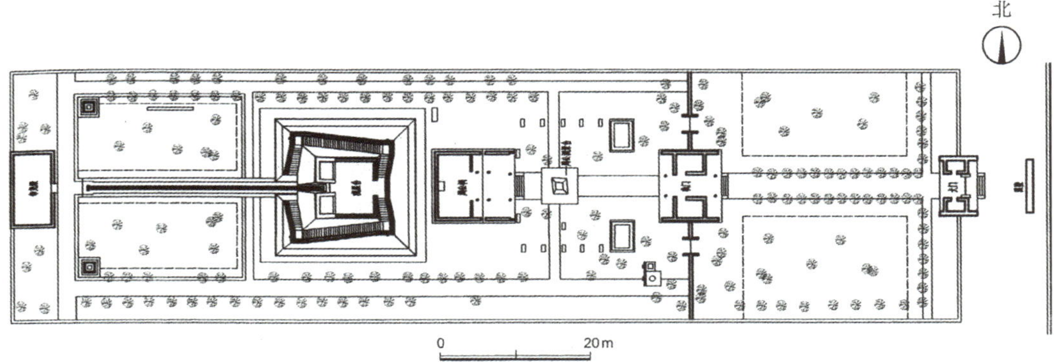

观星台院落总平面图

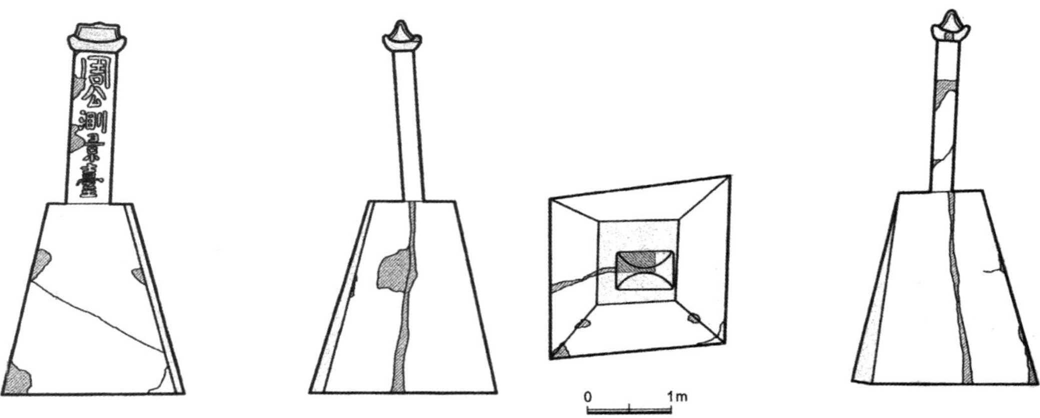

周公测景台

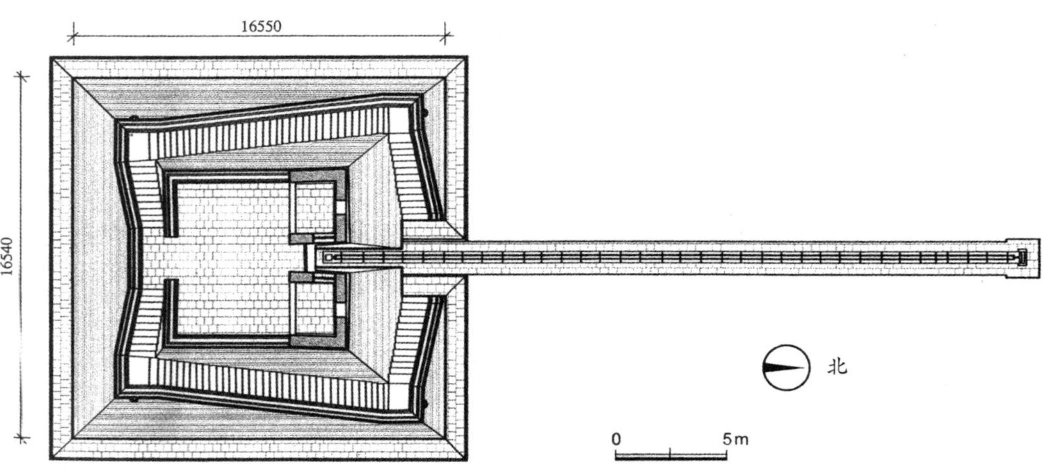

观星台平面图

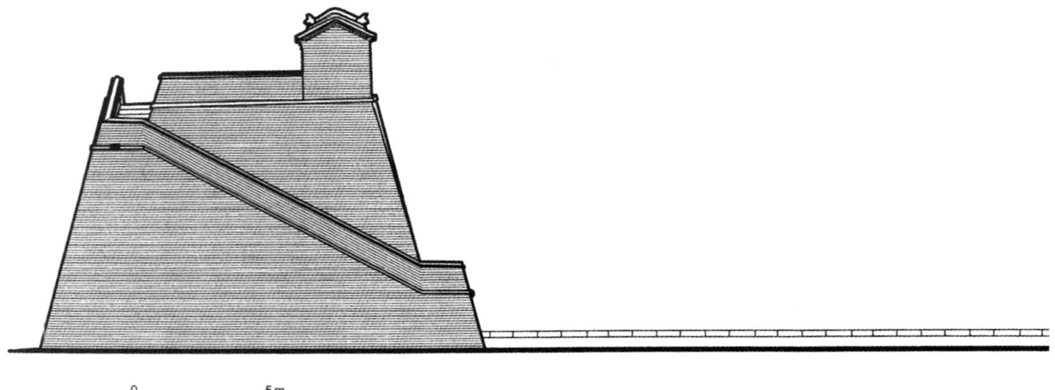

观星台东立面图

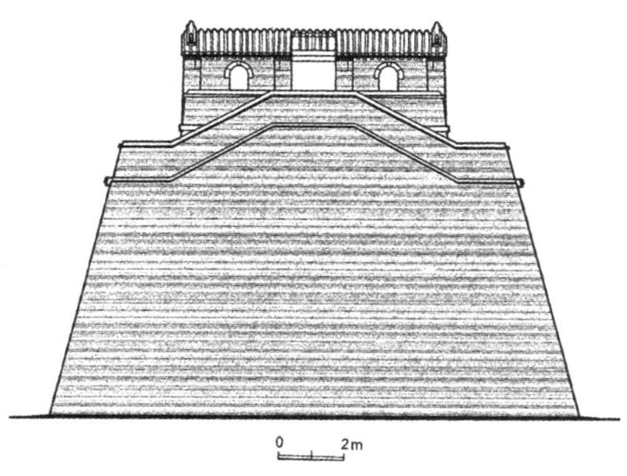

观星台南立面图

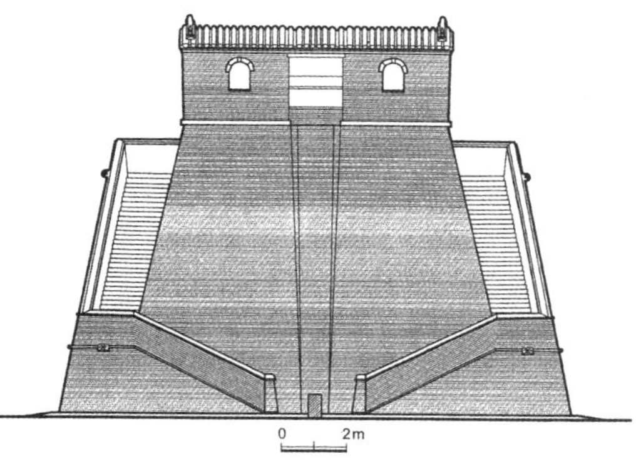

观星台北立面图

观星台前的周公测景台相传为西周时周公旦为营建洛邑、寻求地中时所建，唐开元十一年（723 年）由天文官南宫说依周公旧制建石质“周公测景台”一座。

1961 年 3 月，国务院公布观星台为第一批全国重点文物保护单位。

2006 年 12 月，河南省郑州市文物管理局、郑州市规划局、登封市人民政府和清华大学建筑设计研究院共同编制的《郑州市嵩山古建筑群总体保护规划》中，编制了观星台详细性保护规划。

2010 年 8 月，登封“天地之中”历史建筑群被成功列入世界文化遗产名录，观星台位列其中。

2016 年 11 月，中国二十四节气被列入人类非物质文化遗产名录，观星台为中国二十四节气发源地之一。

2019 年 5 月，告成观星台作为“天地之中”，成为第十一届全国少数民族传统体育运动会火种采集及互联网传递仪式的举办地。

观星台现由登封市文化和旅游局管理，保护状况良好。

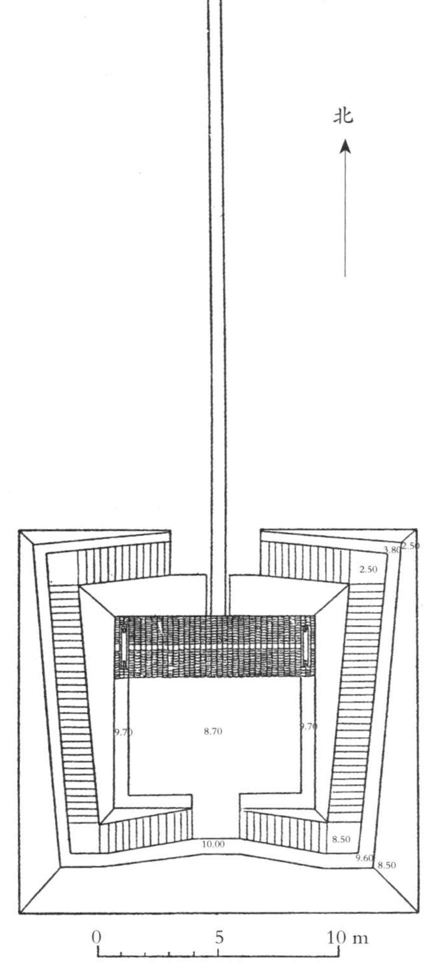

观星台圭表图

第十一届全国少数民族传统体育运动会火种采集及互联网传递仪式之一

第十一届全国少数民族传统体育运动会火种采集及互联网传递仪式之二

登封与二十四节气

二十四节气是根据太阳在黄道上的位置来划分的，并充分考虑了季节、气候、物候等自然现象的变化，是中国古代制定的一种用来指导农事的补充历法。西周初年，周公姬旦在登封阳城（今告成镇）立圭表测景，测定立春、立夏、立秋、立冬、春分、秋分、夏至、冬至，后逐步演变为农历二十四节气。“春雨惊春清谷天，夏满芒夏暑相连。秋处露秋寒霜降，冬雪雪冬小大寒。”二十四节气既包括与农业生产密切相关的谚语、歌谣、传说等，又包括传统生产工具、生活器具等，还包括打春、中和节、天中节等节日文化和民间风俗，是登封乃至中国古代农业文明的具体表现。

二十四节气测影技能主要通过夏至、冬至、春分、秋分等节气在观星台进行测影来传承。相关知识如农谚主要通过代代口授传承，如“二月打雷麦谷堆”“清明前后，种瓜点豆”“枣芽发，种棉花，谷雨前后把种下”。相关技能则靠耕、种、锄、收等农事实践活动来传承。有的则是根据民俗习惯来传承，如祭灶时贴印有二十四节气的灶王神像，立春时打春牛等。

二十四节气是人们天文观、自然观的反映，能反映季节变化，指导人们进行春耕秋收的农事活动、吃穿住行等日常生活以及节日娱乐等民俗活动，对人们的农业生产、精神文化生活、健康养生等都有着巨大的影响。二十四节气与每天的天气预报相搭配，是登封人衣食住行的重要参照。由二十四节气衍生出的民间歌谣、谚语、传说、美术等艺术作品，因二十四节气衍生的打春牛、中和节等民俗节日，极大地丰富了人们的精神文化生活。作为一种重要的文化符号，它凝聚着登封乃至中国人的伦理情感、生命意识、审美情趣和信仰。

二十四节气作为有关自然界和宇宙的知识和实践，是登封人们创造力的集中体现，如被列入人类非物质文化遗产名录，可增强人们的文化自信，提高人们自觉保护、传承意识，还可促进不同文化间的对话和交流。可通过举办农耕体验、民俗节会、学术研讨、展览、讲座等形式对二十四节气进行广泛宣传，以提高人们对其重要性的认识。

二十四节气是天文、物候、农事、民俗的完美结合。

为确保二十四节气的存续力，根据《中华人民共和国非物质文化遗产保护法》和《中华人民共和国文物保护法》对二十四节气和观星台、周公测景台进行保护。在社区开办讲座，在观星台实地为学生、干部、居民讲解圭表测景和二十四节气知识，并在春分、夏至、秋分、冬至等进行日影观测，还组织学生进行农业劳动、农事体验，使其了解二十四节气和农业生产密切关系。出版《观星台》《星台之光》《告成镇志》《告成观星台仿古测量与探究》《周公测景台百问百答》等书籍，对二十四节气相关知识、习俗进行记载、传承。每年都组织举办相应的民俗活动，并将相关资料进行归类整理、建档。

登封主导将农历二十四节气列入非物质文化遗产名录体系，还制定了相关保护措施和保护规划；加大了资金投入，增加了该项目的保护力度；认定代表性传承人，加大了对传承人的保护和培训。

坚持贯彻《中华人民共和国非物质文化遗产保护法》，按照“保护为主、抢救第一、合理利用、传承发展”的指导方针，制定登封二十四节气传承保护的可持续发展的目标。在保护好世界文化遗产观星台的同时，继续挖掘、整理登封二十四节气方面的传说、歌谣、谚语、民俗资料等；并出版《天地之中与二十四节气》《登封二十四节气民俗》等图书，使之永久保存。建立二十四节气非遗档案，并进行数字化管理；成立二十四节气文化研究会，创办二十四节气传承习俗，举办二十四节气学术研讨会等，对二十四节气进行系统研究、传承、保护；创办中原民俗博物馆，收藏、展览与二十四节气相关实物、文献资料、图片、视频等，充分反映了中原地区先民的农耕文明。结合文化遗产日活动，并根据节气举办不同的大型文化活动、民俗节会、知识竞赛、技能竞赛、祭祀活动，并与各大媒体合作，加强对二十四节气的宣传、弘扬。设立中原二十四节气文化生态保护区，让部分农民以传统农耕方式、根据科学方法进行农业生产，对二十四节气的农事活动进行活态传承，并代代相传，以确保二十四节气的存续力在未来不受威胁。为二十四节气非物质文化遗产的传承人提供充裕时间收集、整理、研究、传承二十四节气文化相关内容；一部分人专业从事农业生产和民俗节庆表演，不断提升实践技能，以确保二十四节气的可持续发展。最后，还要大力保护相关载体，如观星台、周公测景台、先农坛以及农业生产工具、祭祀用具等。开办二十四节气文化网，通过互联网传播与二十四节气相关的农事活动、艺术作品、民俗活动，让人们通过互联网了解二十四节气的历史文化，观赏二十四节气文化精品，参与二十四节气民俗活动。

王城岗遗址

王城岗遗址位于登封市区东南 13 千米告成镇西王城岗上。现存面积 1 万多平方米，岗顶最高处比周围平地高 2 ~ 4 米，是一处以龙山文化晚期为主，兼有裴李岗文化和二里头文化与商周文化遗址。它南临颍河，向西北 12 千米是嵩山太室山峰；东面紧靠五渡河，隔五渡河即是古阳城；向西至八方村是广阔的农田。1954 年春，登封县文化馆发现该处遗址，定名为“八方遗址”。

嵩山一带是夏族先公建立夏王朝的活动区域，即“禹居阳城”“禹都阳城”。《国语·周语上》记载：“昔夏之兴也，融降与崇山。”《水经注》云：“颍水又东，五渡水注之……其水东南经阳城县西，昔舜禅禹，禹避商均，伯益避启，并于此也。”为探索夏文化，河南文物考古部门从 1975 年起，开始对王城岗遗址进行大规模调查与发掘，在遗址东北部发现了龙山文化晚期的城堡遗址，面积约 2 万平方米。城堡有东西并列 2 座，东城因被五渡河西遗冲刷只剩下南墙西段，残长约 30 米，西墙南段残长约 65 米。西城的轮廓基本清楚，四面城墙基础多有保存，西城的东墙也是东城的西墙，南墙 82.4 米，东端有一缺口似为城门，北墙长约 92 米，西墙残长约 29 米。西城垣略呈正方形。

王城岗遗址　李鹏飞　摄

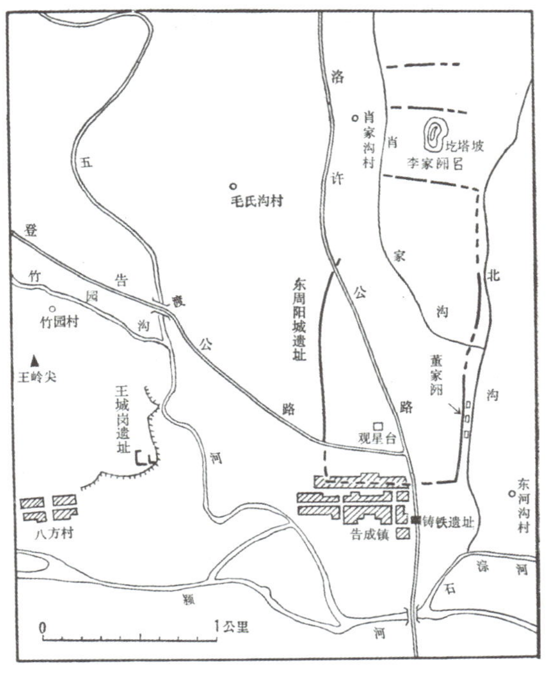

王城岗龙山文化二期城址与东周阳城城址位置图

王城岗龙山文化大城北城壕——二里头文化壕沟

王城岗龙山文化大城南壁

王城岗春秋文化陶窑

王城岗龙山文化陶鼎

王城岗龙山文化陶钵

王城岗龙山文化石铲

城内残留着与城墙同期的夯土、奠基坑、窖穴和灰坑等。文化层内包含了陶器、石器和骨器等生活用品和生产工具。陶器，质料为砂质与泥质，呈黑灰色，并有棕陶和黑陶。陶器表面多饰有篮纹、方格纹、指甲纹和弦纹。主要器形有鼎、砂质罐、甑、鬶、斝、盉、觚、杯、豆、盘、钵、碗、瓮、泥质罐、盆和大口罐(或缸)；石器有铲、斧、刀、镰、凿和镞；骨器有镞、锥和针；另有蚌刀、蚌镞和陶纺轮等；还发现有青铜鬶残片。近年，配合国家"中华文明探源工程"项目，又发现一座面积约30万平方米龙山文化晚期城址，将原来发现的城堡环围其中，有可能是夏初阳城。王城岗城址的发掘对探索夏文化、确立夏代早期都城均有重要价值。

城墙基槽的夯土内，包含的陶片多属龙山文化中期，城址内发现了与城墙同时期的夯土建筑基址。基址小则十来平方米，大则一百余平方米，基址内发现有"人殉"的"奠基坑"。出土有石器、陶器、骨器、蚌器残片及完整器物，还发现一片铜器残片。该遗址是一处以龙山文化中晚期为主，兼有新石器早期裴李岗文化和相当于夏代文化的二里头文化以及商、周文化的遗址。

王城岗二里头文化陶鼎

王城岗二里头文化陶瓮

王城岗二里头文化陶豆

王城岗二里头文化陶圆腹罐

王城岗二里岗文化陶深腹罐

王城岗二里岗文化陶深腹瓮

在发掘的过程中，参加发掘的专家学者称此遗址为王城岗遗址，并在文字记录及学术材料和探方标记中，均以“王城岗遗址”出现，从此八方遗址一分为二，八方遗址不再包括王城岗遗址。“九五”至“十五”期间，国家启动了“夏商周断代工程”及“中华文明探源工程”，2002—2005 年相关专家又对王城岗遗址进行了大规模的详细调查、勘探与发掘工作，在两座小城堡的西部又发现了一座 34.8 万平方米的龙山文化晚期大城。根据地望、年代、等级与二里头文化关系以及“禹都阳城”等有关文献记载的综合研究，王城岗龙山文化晚期大城应即“禹都阳城”之阳城，而早于大城的王城岗龙山文化中晚期小城则为传说中禹的父亲鲧所造之城。城址的年代为公元前 2070 年左右。

1996 年 11 月 20 日，王城岗遗址被国务院评为第四批全国重点文物保护单位。

保护范围：东自八方至竹园路向东 260 米遗址东断崖至五渡河西岸，西自八方至竹园路向西 350 米处，南自八方告成公路北边沿向北 100 米处，北自八方至告成公路北边沿向北 500 米。

建设控制地带：西自保护范围边线向西 100 米，南接八方遗址保护范围，北自保护范围边线外扩 200 米。

文物胜迹

LOCAL RECORDS OF GAOCHENG

告成境内观星台为世界文化遗产和世界非物质文化遗产。告成还有 2 处 3 项国家级重点文物保护单位——观星台、王城岗及阳城遗址；河南省文物保护单位 2 处——八方遗址、曲河瓷窑遗址；郑州市文物保护单位 1 处——冶上冶铁遗址；另外还有登封市文物保护单位 10 处。告成镇于 2015 年 5 月被中华人民共和国住房和城乡建设部、国家旅游局命名为“全国特色景观旅游名镇”。

阳城遗址

阳城遗址位于告成镇北沟村。1975 年发现，1976—1982 年对该遗址进行了科学发掘。《史记·郑世家》记载：“郑君乙立……十一年，韩伐郑，取阳城。”1971 年，新郑县郑韩故城出土的战国青铜兵器中，发现有阳城令督造的铜戈，这说明韩国在阳城设有县令。

该城址东西宽约 700 米，南北长近 2000 米，面积约 140 万平方米。北城墙位于疙瘩坡南侧；南城墙地上仅保留东段约 20 余米，残高 1.5 米，中西段根基部分位于老告成镇政府前街道地下；东城墙位于北沟西岸，地面上少有保留；西城墙的中段中南段地上也有保留夯层明显。北城墙保存最好，地表以上有 500 余米长，高约 8 米，城墙宽约 13 米，中部有一缺口，似为北城门，城墙夯土层厚 6 ~ 8 厘米，夯窝直径 3 ~ 4 厘米，深约 1 厘米，与新郑郑韩故城类同。因此它是与郑韩故城同时期的城址，属春秋战国时期，城内发掘出土八处地下输水设施。这有力地说明，三千年前的阳城就在这里，输水系统开创了我国城市供水之先河。

阳城遗址 刘客白 摄

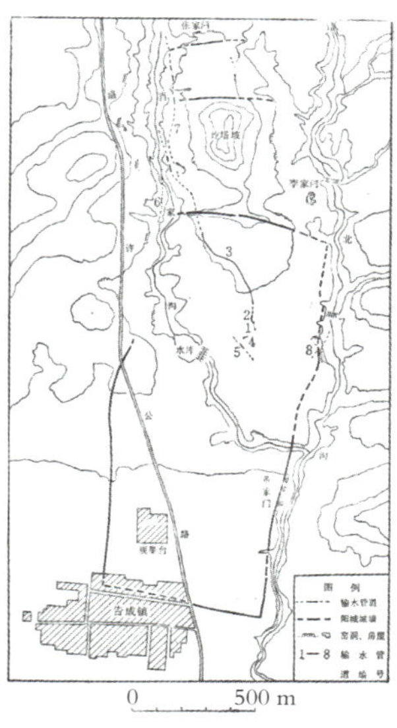

阳城城墙遗址 李鹏飞 摄

战国阳城城墙与地下输水管道平面图

战国阳城输水管道

战国阳城陶三通输水管道

战国阳城带字陶豆

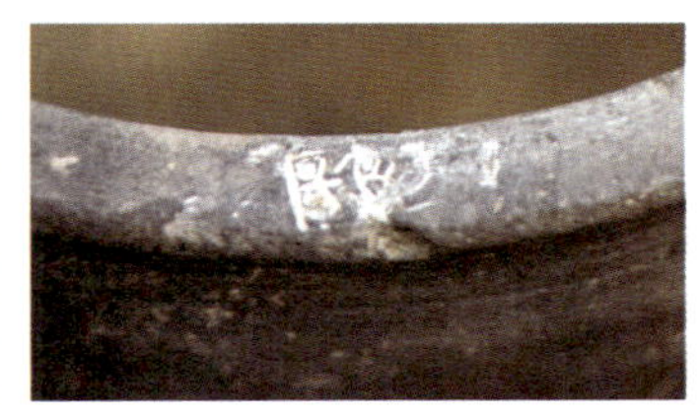

战国阳城遗址出土陶量

在阳城故城的南城墙外，发现有一处战国时期铸铁遗址。发现有熔铁炉底、炉壁及炉衬残块，陶鼓风管残块，印有“阳城”戳记的陶量，还有大量铸造各种铁器镬、锄、镰、斧、刀、削、戈、矛、镞铤、环、带钩及方棱条形器的陶范。包括内范和外范，均是经过选择和淘洗的细泥掺细沙模制而成。根据这些遗物可以复原五种类型的熔铁炉。在陶范中有种卧式层叠铸范（带钩范），一合可铸 20 件，两合为一套，可铸 40 件。这就找到了汉代层叠铸造的渊源。引人注目的是带钩范，出土时还扣合在一起，外面糊有一层加固泥，就残存高度看，这块残范内至少有 4 ~ 6 个或更多个重叠在一起的带钩范腔，中间一个直浇口，直浇口和范腔间有反浇口，说明当时已采用一范多器薄壳铸造法。这充分显示了我国战国时期高水平的铸铁工艺。1996 年 11 月 20 日，该遗址被公布为全国重点文物保护单位。

八方遗址

八方遗址位于告成镇八方村东的台地上，北与国保单位王城岗遗址相接，1954 年春发现，1975 年进行了科学发掘，现存面积近 2 万平方米。1963 年 6 月 20 日，河南省人民委员会公布八方遗址为河南省第一批文物保护单位。该遗址是一处以仰韶文化为主的聚落遗址，兼有河南龙山文化的遗物，这就说明它与王城岗遗址有着先后的承袭关系，河南龙山文化时期八方聚落的先民们逐渐东移进了王城岗。它对研究我国仰韶文化向河南龙山文化过渡具有重要的史料价值。

曲河瓷窑遗址

曲河瓷窑遗址位于告成镇曲河村北的台地上，它北靠凤凰山，南临颍水。曲河窑址学名登封窑，是我国历史上著名的窑口之一，它始烧于唐、五代，兴盛于宋，延续至元，有着数百年的烧造史，据清乾隆《登封县志》载：“曲河宋时号邑巨镇，窑场环设，商贾云集。”经调查，窑址东西长约 1500 米，南北宽约 500 米，面积约 75 万平方米，海拔在 241 ~ 302 米。文化堆积厚度 1 ~ 6 米不等。窑址中心位于现曲河村的北部窑址的东北山坡上，那里有大量的制瓷原材料——高岭土。在整个窑址区域内窑具、瓷器残片随处可见，调查中采集到白釉、白釉绿彩、黑釉、黄釉、三彩釉。器形有注子、碗、罐、壶、瓶、钵、盂、碟等，另有小鸡、羊、狗、猴、青蛙等烧制的瓷玩具，装饰有刻花、划花、珍珠地划

八方遗址　刘客白　摄

花等。曲河窑所造的瓷器以民用为主，兼向宫廷进贡瓷器，典型代表要算珍珠地划花装饰瓷器，此类装饰在登封窑已被窑工们发挥到炉火纯青的地步。珍珠地划花装饰是密县西关窑、登封窑在北宋时首先发明使用的，被古陶瓷界誉为其鼻祖，此类装饰线条流畅，圆润优美，雍容华贵，且存量较少，具有很高的历史艺术价值。1986 年 11 月 21 日，河南省人民政府将该遗址列为河南省第二批文物保护单位。

冶上冶铁遗址

冶上冶铁遗址位于告成镇冶上村。由村名可知，此地历史上曾经立炉冶铁。该遗址地处箕山的东北麓，颍河上游南岸，属浅山丘陵河川地带，遗址分布于村中及村东南的山坡上，其北 1 千米有许（昌）洛（阳）公路，其南、西有箕山山岭，其东是较为开阔的山坡梯田，冶上河从遗址中西南向东北流入颍河，遗址重要区域位于冶上村东北以“沙沟”为中心的坡地上，面积 1 平方千米。

冶上冶铁遗址于 1984 年文物普查时被发现，1987 年 3 月 1 日，被郑州市人民政府列为第一批文物保护单位。多年来文物工作者对该遗址进行了多次的考古调查，采集到了坩埚、炉壁、炉渣等。1990 年秋，经国家文物局批准，由郑州市文物研究所、登封市文物局联合对该遗址进行了科学发掘。发掘之初，首先对该遗址进行了详细的调查，调查中发现炉基 3 处，窑 2 处，可能是重要遗址的烘土 5 处，曾经是重要炉区已被挖掉的 3 处。在调查的基础上，有针对性地布挖探方，共布方 10 个，发掘面积 230 平方米，其中在遗址东南部柿树行布方 1 个，其余均在遗址中心区域沙沟布方，发现的重要遗迹有炉基 4 座，窑基 2 座。

发掘出土的遗物主要有坩埚、炼渣、陶范模、瓷器残片等，其中有陶范模残块一批，该范模经火烧呈青灰色，造型特殊，看来与铸铁异形器有关。尊立于中岳庙内的四个铁人和金代两尊铁狮与这种造形特殊的陶范模显然有着微妙的联系。该遗址地域内有丰富的煤炭资源和制造陶范模的高岭土，在遗址的附近还有丰富的铁矿石资源，这就为宋金时期在这里大规模的冶铁铸铁提供了良好的资源条件。

冶上冶铁遗址范围相当大，其冶铁历史有据可查要从北宋至明，历经宋、金、元、明四朝，约六百余年。其遗存的炉窑十分丰富，是我国北方同时期的较大的冶铁浇铸手工业作坊之一，在我国冶金史上有着十分重要的位置，具有较高的冶金史研究价值。

中岳庙内宋代铁人 刘客白 摄

石羊关遗址

石羊关遗址位于告成镇石羊关村垌上南200米处土岗上，北为山岭，东西临山沟，南临颍河。20世纪60年代，文物调查时发现，由于自然损毁，现仅存南北长约100米，东西宽约100米，面积约1万平方米。文化层厚1～2米。从采集的标本看：陶质以泥质灰陶为主，可辨器物有陶鼎、陶鬲、陶罐、陶碗、陶豆、大口尊、澄滤器等，纹饰多为篮纹、方格纹、绳纹、附加堆纹及刻划纹等。生产工具有磨制石斧、石铲等，另外还采集到蛋壳黑陶片及陶环。由此判定，该遗址是一处龙山晚期至二里头文化时期的聚落遗址。它与告成王城岗遗址相距仅5千米，且文化内涵基本相同，又都在历史文献记载夏人活动区域，因此它对研究颍河两岸的夏代文化具有重要价值。

1965年12月20日，该遗址被列为登封市第一批文物保护单位。

隔子沟烈士陵园

隔子沟烈士陵园位于告成镇铝庄村，坐南面北，陵园长14.73米，宽20.15米，高2.8米，面积300平方米，坐南面北。园内安葬了1945年3月18日，豫西抗日先遣支队独立团七连七班与日伪军战斗中牺牲的8位战士。1984年，告成乡人民政府将烈士遗骸迁入陵园。该陵园对研究豫西抗日先遣支队在嵩山地区开辟抗日根据地的历史具有重要的史料价值，为登封市文物保护单位。

1996年8月14日，该陵园被列为登封市第二批文物保护单位。

石羊关石窟

石羊关石窟位于告成镇石羊关村白沙水库北岸石崖上，石崖为石灰石质，共有两个洞窟，从造像的形制和特点判断，应为唐宋时期的遗迹。坐北面南，1号窟洞口宽0.86米，高1.25米；洞高1.23米，南北深1.08米，东西宽1.73米。2号窟洞口高0.60米，宽0.64米，深0.15米。佛像高0.40米，宽0.25米。下为梯形座，座高0.40米，宽0.21米，厚0.13米。座上雕有莲花，佛像高0.23米，面部已毁。它对研究当地宗教信仰和石刻艺术具有一定的价值。

1996 年 8 月 14 日，该石窟被列为登封市第二批文物保护单位。

石羊关石羊

石羊关石羊位于告成镇石羊关村。石羊关原名阳城关，北魏孝昌二年（526 年）置阳城郡，治阳城，遂于此置关。《水经注·颍水》：“颍水又东出阳城关。”石羊关有庙怀、关岭南北对峙，悬崖陡峭，颍水沿南侧东流，北侧仅容一车，为许洛大道之咽喉，地势险要，为阳城东南之门户。元至正六年（1346 年），改阳城关为石羊关，以关口有怪石如羊而得名。1952 年，修建白沙水库时石羊关及石羊关村被水库淹没，石羊被村民移到石羊关新村。

石羊由青石雕琢而成，身高 1.1 米，昂首挺胸，四肢屈俯状，两只羊角弯曲成半圆形紧贴于头后部，面部及两耳雕刻线条简练，粗犷，形象逼真，栩栩如生。对研究古代石刻艺术及古关历史具有重要价值。

1996 年 8 月 14 日，该石羊被列为登封市第二批文物保护单位。

双庙沟遗址

双庙沟遗址位于告成镇双庙沟村小河东西两岸台地上，1975 年河南省文物研究所文物调查时发现。随后开挖 3 个探方试掘。通过发掘获知，双庙沟的小河东、西两岸都堆积有文化层，土层中夹杂有灰土和碎陶片、打制石器和被打下的石片等遗物。根据文化层中的包含陶片的颜色、质料与器形的不同，陶器的特征明显差别，可分为仰韶文化前期和后期。

前　期　陶片中砂质红陶和棕陶，灰陶很少，皆素面。器形多为陶缸和钵，陶胎厚薄不均，火候较低，皆系手制。手捏痕迹明显，具有原始特征。

后　期　砂质红陶和棕陶为主，灰黑陶增多，陶胎厚薄虽不均，火候较低，皆系手制，但器形中除罐与钵外，则出了一件以长颈双鼻壶或小口尖底瓶类残片的陶器上部，并且有一片口沿处似有红边。生产工具有：石铲、石斧、打制石器打下的石片；生活用具有：鼎、罐、瓮、壶、碗、砂质罐和厚胎砂质缸等陶器残片。

1996 年 8 月 14 日，该遗址被列为登封市第二批文物保护单位。

西范店遗址

西范店遗址位于告成镇西范店村北偏东的台地上，遗址北高南低，东西长约 150 米，南北宽约 100 米，面积约 1.5 万平方米。1977 年夏，河南省文物考古研究所在调查颍河两岸古文化遗址时发现。从遗址的断崖上可明显看出文化层，其厚 0.5 ~ 1.5 米不等，文化层内散存陶器有敞口圆唇折沿平底彩陶盆、鼎、鬲、彩陶钵、罐、碗、澄滤器等生活用具残片。纹饰均以方格纹、篮纹为主，绳纹次之。陶质为泥质、夹砂灰、褐陶。另外文化层内还散存有红烧土块和磨制石斧、石铲等。根据采集标本判断：遗址的时代应属仰韶至龙山文化时期，在遗址的上部还叠压春秋、汉、唐晚期遗物。该遗址对研究颍河流域仰韶、龙山文化具有一定的价值。

1996 年 8 月 14 日，该遗址被列为登封市第二批文物保护单位。

西范店遗址发掘现场

玉村遗址

玉村遗址位于告成镇与宣化镇交界处玉村。1953 年，河南省文物工作队一小组对该遗址部分区域进行发掘清理，首次发现二里头文化遗存，发掘出土的白陶爵现存于故宫博物院。遗址在 2008 年文物普查时已被白沙水库淹没。

1996 年 8 月 14 日，该遗址被列为登封市第二批文物保护单位。

毛女冢

毛女冢位于告成镇冶上村二组，地理坐标东经 113°09′48.9″，北纬 34°22′13.4″，海拔 244 米，冢用黄土堆筑而成。冢高约 10 米，直径约 42 米，周长约 127 米，面积约 726 平方米，冢上种植有翠柏，植被良好。该冢为何人之墓冢，堆筑于何时？有待进一步的研究考证。当地人俗称：毛妮冢。

1996 年 8 月 14 日，毛女冢被列为登封市第二批文物保护单位。

曲河温氏砖楼及靳氏土楼

曲河温氏砖楼及靳氏土楼位于告成镇曲河村中部，两楼相距约百米，均面南。温氏砖楼居西，因墙体全用灰砖、白灰垒砌，顶覆小瓦，故称砖楼；靳氏土楼因除根基石外，墙体均用土坯，垒砌额，顶覆以小瓦，故称为土楼。靳氏土楼高约 8 米，三层，东西宽 3 米，南北深 3.70 米。下有石砌根基，根基以上全用土坯垒砌。门窗一周用灰砖镶边，在二、三层之间的墙壁上垒砖一层一周。第一层、第二层南壁辟有拱券门，顶为悬山小瓦顶。该楼的墙壁因是用土坯垒筑，风雨剥蚀较为严重，楼顶毁坏严重，仅留一小部分，裸露在外。

温氏砖楼共有 4 层，高约 10 米，底层宽 6.95 米，深 4.70 米，向上稍有收分以增加房屋的稳固性。下有用石灰石质条石砌筑的基台，基台以上全用灰砖白灰粘缝砌筑至顶。一层南壁正中辟一高 1.70 米，宽 0.73 米的拱券门，门下有 5 层台阶，四壁无开窗，墙厚 1.09 米，顶为东西向砖券顶，地面用砖平铺，顶的东南角开有约 1 米见方的天窗，下置木梯，由此可上二楼。二楼地面用砖平铺，在其南壁的正中辟有落地窗，高 2.08 米，宽 0.68 米，窗上用石灰石雕砌成拱券，顶用木板平铺，在其西南角处开约 1 米见方的口，下设木梯可

温氏砖楼

上至三楼。三楼南壁开有拱券形小窗两个，东壁正中也开一拱券形小窗，顶板已拆除，三楼顶外辟用砖叠出三层成檐，在四楼的南壁上辟有拱券形小窗两个，但与三楼小窗不互相上下对照，东壁也辟一拱券小窗，且与三楼小窗上下相互对应，楼顶用木架造成南北两坡顶，并平铺砖然后用黄泥灰覆以白灰瓦，屋脊以砖瓦垒砌。整座小楼保存较好，只有楼顶檐瓦有脱落。

温氏砖楼据当地村民讲，已有三百年的历史，根据建筑制式及建筑风格来看，确是明末清初之建筑；靳氏土楼也已有百余年的历史；距温氏砖楼西数米，原有一座砖楼，与现存砖楼式样，建筑时代相同，惜早已毁，今仅存根基。这两座阁楼建筑是登封明清民居高层建筑的佼佼者，折射出历史上广大民众安居乐业的社会心理，为研究当时社会、当地民风民俗及民居建筑风格提供了实物资料。

2002 年 12 月 23 日，曲河温氏砖楼及靳氏土楼被列为登封市第三批文物保护单位。

石羊关巢父墓

石羊关巢父墓位于告成镇石羊关村小学北侧约 100 米处的地堰根处，墓冢依地堰堆筑，堆高约 2 米，南北长约 6 米。距墓冢西北约 100 米处山坡上，有一处乱石堆，且有一块巨石，巨石上有一径约 0.4 米，深约 0.6 米的坑窝，当地人讲此乃巢父的油灯，在坑窝的口沿一侧有一壑口，人们说是油灯放灯芯的地方，这就是人们俗称的巢父石灯。

2002 年 12 月 23 日，石羊关巢父墓被列为登封市第三批文物保护单位。

古树名木

告成境内百年以上古树名木共计 48 株，其中 500 年以上的有国槐 4 株，皂角树 4 株，圆柏 1 株；200 年以上的稀有名木有桑树、松树、桧柏、乌柏、藤等；1 株槐树为原始森林所遗留，树龄在千年以上。

冶上村皂荚树

该树位于告成镇冶上村申书广家门前，树龄 1000 年，树高 15 米，胸围 480 厘米，冠幅 23 米，东西 23 米，南北 23 米。

袁窑村国槐

该树位于袁窑村十二组段庄村段文燕家门前，树龄 1000 年，树高 10 米，胸围 410 厘米，冠幅 9 米，东西 10 米，南北 8 米。

冶上村皂荚树 王凯旋 摄

森子沟皂荚树

该树位于森子沟委会三组李下家门李少忠老宅后，树龄800年，树高12米，胸围460厘米，冠幅15米，东西15米，南北15米。

杨沟村国槐

该树位于告成镇杨沟村，树龄500年，树高13米，胸围420厘米，冠幅8米，东西8米，南北8米。

森子沟村国槐

该树位于告成镇森子沟村一组李保义家门前，树龄500年，树高8米，胸围320厘米，冠幅8米，东西8米，南北8米。

杨沟村国槐 王凯旋 摄

森子沟村国槐 王凯旋 摄

告成村国槐

该树位于告成镇告成村十五组，树龄500年，树高6米，胸围330厘米，冠幅11米，东西11米，南北11米。

告成村国槐　王凯旋　摄

五渡村圆柏

该树位于告成镇五渡村七组，树龄500年，树高12米，胸围170厘米，冠幅9米，东西10米，南北8米。

豹沟村皂荚树

该树位于豹沟村委会九组，树龄500年，树高12米，胸围410厘米，冠幅15米，东西15米，南北15米。

王窑村皂荚树

该树位于王窑村委会一组王红亮门前，树龄500年，树高15米，胸围260厘米，冠幅12米，东西12米，南北12米。

五渡村圆柏　王凯旋　摄

镇域经济

告成镇一直是登封的工业重镇。传统工业如煤炭开采、电力、冶炼、铝矿石加工和建筑材料、耐火材料、磨料磨具生产等，仍为全镇经济的支柱产业。近年来，受经济形势持续低迷及环境保护政策等因素的影响，煤炭开采、磨料磨具等行业关停并转，落后产能逐步淘汰，致使经济持续走低。面对严峻的经济形势，告成镇主动调整产业发展思路，大力引导产业升级转型，切实加大招商引资力度，多策并举引进一批符合产业发展规划的现代科技项目，开发一批富有地方特色的农业项目和服务项目，不断提高产品的市场竞争力，不断改善营商环境，引领辖区内工农业等各类产业快速转型壮大。

经济总体状况

中华人民共和国成立后，告成镇经济主要以农业为主。建国之初改造完成的新登煤矿，以及改革开放之初兴建的登封县火电厂，一举走红，一直都是明星企业，见证着告成乃至登封经济的发展历程。20 世纪 80 年代，随着农村土地联产承包责任制的不断深化，社队企业萌芽，种植瓜果、蔬菜等经济作物成为农民主要的经济收入。进入 90 年代，乡镇企业和个体企业遍地开花，乡镇企业产权制度改革不断提速，告成经济开始步入快车道。走进新时代，随着改革开放的深入，乡镇企业和民营企业相继壮大，大量农民就近转移就业，“煤变电、电解铝、矿石变产品、废渣变水泥”等黑白发展战略，带动工业经济做大做强。截至 2018 年年底，全镇生产总值完成 80.14 亿元，公共财政收入完成 1.8 亿元，农民人均纯收入达 2.0 万元，连续三年荣获“全国综合实力千强镇”。

工　业

镇域工业处于产业结构调整时期。目前，电力、煤炭、铝矾土等矿产资源开发仍然处于支柱地位；建筑材料、耐火材料、磨料磨具制造业，冶炼业和金属品加工业等仍是主导产业。企业中，铝加工、磨料磨具生产、建材耐材加工、碳素制品、陶瓷玻璃等产业占比较高。历经工业革命及环境污染治理之后，告成镇共有各类工矿企业 166 家，其中：矿产品开采企业 12 家，砖瓦窑企业 10 家，砂石加工企业 14 家，碳素企业 11 家，铝加工 9 家，棕刚玉冶炼企业 35 家，磨料厂 26 家，煤生产销售企业 2 家，其他各类企业 47 家。

登封电厂集团有限公司

登封电厂集团有限公司（简称“登电集团”），其前身是登封县火电厂。始建于 1976 年，位于告成镇烟庄村。1977 年 12 月 31 日，第一台机组投产发电，1996 年改组为集团公司，是登封市属国有企业，拥有 53 个分公司、子公司和合作公司，集“煤—电—铝—建材”传统产业和新能源、新材料、金融物流、电子信息、通用航空、文化旅游等新兴产业于一体。现有火电装机容量 226.9 万千瓦、风电装机容量 5 万千瓦；原煤 231 万吨、普通水泥 230 万吨、特种水泥 50 万吨、铝及铝合金 12.5 万吨、氧化铝 40 万吨、碳素 20 万吨、

登电集团恒美铝业生产车间

铝型材 11.5 万吨；硅酸钙板 800 万平方米、门窗幕墙 100 万平方米；医用药塞 12 亿只、陶瓷基座 28.8 亿只；玄武纤维 1000 吨、热陶瓷制品 10 万立方米、陶瓷保温板 8 万立方米、无人机 8 个机型等生产规模。总资产 262 亿元，固定资产 80 亿元，年实现销售收入 271.2 亿元，从业人员 1.6 万多名，以雄厚的综合实力跻身河南省百强企业、中国 500 强企业，始终保持着登封工业经济的首位。

郑州新登企业集团有限公司

郑州新登企业集团有限公司成立于 1995 年 12 月，位于告成镇冶上、豹沟和吴家村交界处，是在地方国营新登煤矿基础上组建的。新登煤矿前身是“白坡煤矿”，于 1914 年建矿，1952 年改造为地方国营煤矿，取“建设社会主义新登封”之意，更名为“新登煤矿”。1995 年 12 月，正式成立郑州新登企业集团有限公司。2008 年 6 月，集团公司与国投煤炭公司对新登煤业进行重组，成立国投新登郑州煤业有限公司。集团公司现有干部职工（含下属企业）3075 人，党员 166 人，具有研究生学历的 6 人，具有本科学历的 187 人，具有大专学历的 263 人。目前，新登集团是一个以多元化为主、多业并举的国有企业集团，拥有经营性全资子公司 9 个，参股公司 5 个，控股公司 2 个。注册资金 10024 万元，总资产达 23.8 亿元。

2018年，销售收入达13.8亿元，上缴利税3.12亿元。曾先后获“全国行业百强企业”“河南省大中型工业企业综合经济效益百家企业”“河南省工业行业20强”“河南省示范工会”“郑州市五一文明岗”“郑州市战危机、保增长先进单位”“郑州市先进基层党支部”“登封市突出贡献企业”“登封市十强企业”“登封市党建工作先进单位”等多项荣誉称号。

郑州煤电股份有限公司告成煤矿

郑州煤电股份有限公司告成煤矿位于告成镇告成村、双庙村。该矿是“八五”期间国家重点建设项目、“九五”期间全煤行业十大重点建设项目之一。1990年年底，开始筹建矿井，设计年生产能力90万吨，核定年生产能力120万吨。1999年9月正式投产，2001年实现达产，产业升级改造后生产能力将达到150万吨。井田走向长10千米，倾斜宽3.5千米，面积35平方千米。该矿先后获得并保持“全国煤炭系统文明煤矿”“全国煤炭行业一级安全高效矿井”“全国煤炭工业科技创新示范矿”“国家级安全质量标准化矿井”“全国煤炭系统和谐社区先进单位”“河南省文明单位”“河南省一级‘五优’矿井”等100多项荣誉称号。2016—2018年，共生产原煤314.75万吨，总产值（不变价56元/吨）10.13亿元，销售收入10.21亿元，上缴税金1.24亿元；实现利税8080.56万元。2018年，人均收入5.36万元。

郑州煤电股份有限公司告成煤矿　刘客白　摄

阳城煤业

河南省登封市阳城企业集团有限公司

河南省登封市阳城企业集团有限公司，源于1984年设立的告成乡集体企业阳城煤矿（位于王窑村）。1997年，阳城煤矿收购了国有杨家门煤矿将其更名为阳城二矿，同年组建登封市阳城企业集团有限公司。

2003年，根据政府安排，阳城集团改制为民营企业。2009年，阳城二矿与永城煤电控股集团有限公司合作更名为永城煤电控股集团登封煤业有限公司。2011年，阳城一矿与登电集团合作更名为郑州登电阳城煤业有限公司。2011年，阳城集团在信阳市罗山县灵山镇成立了信阳现代园林有限责任公司。2017年10月，其下属控股子公司河南九鼎园林绿化工程股份有限公司在新三板上市。2012年，阳城集团投资的郑州市第十六人民医院开始建设；2015年3月，医院投入运营。2016年6月，由阳城集团设立的河南阳城养生苑有限公司与河南颐城控股有限公司合作，以建设高端养老综合体为目标，着力构建精品养老服务体系。经过三十余年的发展，阳城集团已经发展成为集医疗卫生、健康养老、园林绿化、地产物业、矿产开发等行业，拥有三千多名员工的综合性企业集团。

河南中美铝业有限公司

河南中美铝业有限公司是河南能源化工集团永煤公司控股子公司，位于告成镇曲河村境内。公司成立于2006年2月，主要产品为冶金级砂状氧化铝，且产品质量达100%一级品，公司在册员工720人。目前中美铝业拥有年产40万吨冶金级氧化铝生产线一套、年产1万吨化学品（高白超细）生产线一套，具有多品种发展优势。中美铝业产品销售客户群目前主要以河南省电解铝企业为主、非铝行业及省外或国外销售渠道为副，其中产品应用于电解铝行业数量占销量的80%以上。2018年，借助国家“一带一路”政策，产品远销伊朗。

河南豫科玻璃技术股份有限公司

河南豫科玻璃技术股份有限公司创立于1995年，位于告成镇五渡村，是一家专业从事玻璃蒙砂粉、自动蒙砂生产线、防眩光（AG）玻璃和3D激光雕刻的研发、生产和销售为一体的高新技术企业。公司于2017年11月13日，在全国中小企业股份转让系统（“新三板”）正式挂牌。公司致力于为中国的玻璃深加工企业提供最新最好的高科技产品，推动中国玻璃深加工行业的快速发展。目前已申请专利160多项，其中授权36项。拥有科

中美铝业 刘客白 摄

技成果两项："液晶屏幕玻璃蒙砂粉的研制与应用"项目于 2011 年 7 月被河南省科学技术厅确认为河南省科学技术成果，并被郑州人民政府评为科学技术进步奖二等奖，被河南省工业和信息化厅评为河南工业和信息化科技成果奖二等奖；"纳米级无闪点防眩光玻璃的研制及应用"项目也已于 2018 年 12 月通过国家工业和信息化部项目专家评审，获得成果评价，达到国际先进水平。产品销售覆盖全国 30 多个省、自治区、直辖市，并热销亚洲、欧洲、非洲、美洲的 20 多个国家和地区。

圣戈班陶瓷材料（郑州）有限公司

圣戈班集团是世界工业集团百强之一，由 945 家公司组成。1985 年开始进入中国市场。在华企业员工总数近 1 万人。圣戈班陶瓷材料（郑州）有限公司位于告成镇吴家村，前身是二砂登封联营磨料厂，始建于 1987 年、1998 年，法国圣戈班与二砂登封联营磨料厂合资，2005 年圣戈班集团独资完成，成立了圣戈班陶瓷材料（郑州）有限公司。该公司拥有员工 200 人，产值约 4 个亿，上缴税金 3000 多万元。公司拥有电熔氧化锆、钙、钇稳定锆等多条生产线；拥有 XRF 等先进的检测仪器，在上海圣戈班集团全球第三大研发中心为产品发展提供支持。

中美铝业药剂制备系统

豫科玻璃产品

豫科玻璃车载高清触屏生产线

农 业

告成镇农业一直以小麦、玉米、红薯、小杂粮等传统种植为主。进入 21 世纪，市场需求精细化、经营主体多元化等促使农业产业化迅猛发展。登封红薯、名贵花木、盆景培育、冬桃、桑葚、柿子等特色种植遍地开花，面积达 1 万余亩，农业发展呈现良好发展局面。

登封市绿宝农副产品有限公司

登封市绿宝农副产品有限公司位于告成镇茶亭沟村，是一家以红薯脱毒种苗繁育、种薯种植、商品薯销售和红薯深加工为主的高科技农业企业。公司成立于 2007 年，现拥有红薯种植基地 1 千余亩，主要种植西瓜红、烟薯 25、白蜜薯、红瑶等八大品种。已建成育苗大棚 100 亩，红薯深加工生产线一条，优质纯红薯粉条生产线一条，标准化生产车间一座以及储存鲜薯的大型红薯窖一个。公司实行“企业 + 基地 + 农户”的“订单种植”形式，服务广大种植户，提供优质脱毒种苗和科学种植方法，与农户签订回购合同。目前已和 500 多家种植户长期合作，实现互惠双赢的合作模式。至 2018 年年底，茶亭红薯淀粉、粉条深加工项目，年处理红薯淀粉 2 万吨，生产红薯粉条 1.5 万吨，直接安排就业人数 1000 余人，利润达 500 余万元。公司荣获“郑州市农村专业技术协会”“河南省 2011 年度科技兴农先进单位”等称号。

告成镇西部农业生产　刘客白　摄

告成镇红薯种植老照片

告成镇东部农业生产　刘客白　摄

特色种植

从2006年开始，发展核桃产业，至2018年年底，全镇20个村种植核桃1.3万余亩，大部分已进入盛果期。花海农牧有限公司注册“告成”牌核桃专业品牌，年营业额500万元。相继成立杨沟村、曲河村、五渡村三家核桃专业种植合作社，促进核桃发展，保证技术到户。在以茶亭沟为中心的8个行政村发展绿色红薯种植，镇政府每年投资10余万元对种植户进行补贴，使全镇红薯种植常年保存量5000亩以

告成镇特色种植——桑葚

告成镇特色种植——核桃

告成镇特色种植——冬桃

上。范店、界头、王家门、王村等村发展名贵花木、盆景培育600亩，双庙、王家门村等发展冬桃、桑葚、柿子等特种种植350余亩。

益农服务

2010年后，为做好农产品经营管理服务，全镇30个村建立益农信息服务社。成立合作社20家，其中种植合作社13家、养殖合作社4家、苗木营销合作社2家、农机合作社1家，参与会员800余户。益农社、农村淘宝、顺丰、韵达、菜鸟联盟等12家电商平台搭建了物流渠道，通过网络信息资源共享，及时为农民提供优质种苗、技术攻关、信息分享、网络销售等问题，提高农民的合作经营能力和组织能力，使农民足不出户就可使得产品走向市场。

告成镇红薯文化节暨农副产品推介会

风土民情

常言说，一方水土养一方人。自古以来，告成钟灵毓秀，人杰地灵，物产丰厚，民风淳朴，形成了独具特色的风土民情。美食小吃、土特名产、生活习惯和方言土语等，造就了告成独特而丰厚的地域文化。

LOCAL RECORDS OF GAOCHENG

美食小吃

石羊关蒸馍

石羊关蒸馍采用独有的古老传统制作工艺，选用优质小麦石磨面粉为原料制作。蒸馍白而大、口感好，从古到今，久负盛名。

观星台蜜食

观星台蜜食由来已久。相传，武则天登嵩山封中岳大功告成之时，在告成石淙河大宴群臣。地方官供奉美味佳肴时，折叠馃子被选其中。当女皇得知这是大禹之妻涂山娇流传下来的手艺时，顿时肃然起敬。然而，大臣狄仁杰认为，折叠馃子之名有“波折”之嫌，但因果子上涂有蜂蜜，改说人生甜甜蜜蜜多好。于是，便更名为蜜食，一直流传，经久不衰。观星蜜食选料考究，以优质面粉和上等蜂蜜为原料，以做工精细，以焦脆香甜、颜色金黄诱人、口感宜人为特点。2016 年，观星台蜜食被登封市公布为非物质文化遗产项目。

告成芝麻盖烧饼

告成自古以来就有芝麻盖烧饼这一美食，历史久远。告成烧饼以外焦里软，颜色金黄为特点。告成烧饼采用优质小麦面粉和优质芝麻为原料，用传统工艺制成，放置半月仍不失其味，使人百吃不厌，回味无穷。

土特名产

茶亭红薯

茶亭沟红薯个头大，风味佳，常食有健脾胃、补肝肾、润肠防癌之功效。产地主要分布在以茶亭沟村为中心的 8 个行政村，其他村均有零星种植。

2002 年 12 月，中央电视台在此拍摄了《茶亭沟优质红薯》新闻纪录片，2003 年 1 月 1 日晚 7 点在中央电视台第七频道播出。

2013 年 4 月，“茶亭沟红薯”获得中华人民共和国“农产品地理标志”认证。2017 年 8 月，“茶亭”牌红薯被中国绿色食品发展中心认定为“绿色食品 A 级产品”。

茶亭沟红薯

生活习俗

婚　俗

男大当婚，女大当嫁，人之常理。传说古时候男女结婚是在夜晚，所以称昏（婚）礼。

婚礼之日的头天晚上，由“引礼人”引导，“夹毯”服务。新郎在祖先牌位前进行演礼，礼节有“懒四叩”、三拜九叩等，行礼后，由二老为儿子和未过门的媳妇铺床。

早饭后，新郎头扎金花，身披大红，在祖先牌位前行礼后，燃放鞭炮，放炮手在前，鼓乐在后，“引礼”“夹毯”者后随，新郎端坐轿内，前往女方迎娶。饭后，新郎十字披红，骑马在前，新娘面向喜神坐轿随后。女方有数人送客，路过大街，村庄有亲友摆“贺桌”庆贺，到家后，面向喜神落轿。有二女搀扶新娘骑马过圣子，撒喜钱。新郎新娘在院内拜天地。同端“麦斗”入洞房。入洞房后，有简陋的习惯，同辈小的和晚辈人闹洞房，直到半夜，待闹洞房人走后，夫妻还要在洞房内饮交杯酒，名为行“同牢合卺”。第二天一早，新娘有长者引导到近族家磕头认“自己”（五服以内的亲属）。次日，女方还来送饭，俗称“梳头”。三天后，回娘家认亲。

丧　俗

当人死亡后，给亡人做纸幡、剪纸条、纸钱、做“哀杖”，并为亡人洗脸、剃头、更换寿衣，搭设灵棚，开吊作祭。孝子媳妇披麻戴孝，坐在灵棚内守尸。孝子出外见人要磕头，以示老人亡故，同时大门上贴白纸。亡人第三天埋葬。埋葬时，炮手前边放炮，撒纸钱、随后执幡者、灵柩和送葬队伍依次前行，抬到坟上埋葬。次日，孝子提饺子、面汤等物哭祭为“赴三”。并把哀杖插于坟前。同时埋后三天每顿还要送饭。埋葬后，三七、五七、百日、周年、两周年、三周年都要祭奠。

庙　会

告成历史可追溯到上古时期，告成镇各村庄都有庙会，这些庙会以繁荣寺庙、烧香敬神和开展物资交流为主。每逢庙会之时，远近客商和邻村、镇群众纷纷前来朝拜庙会。届时，会场上人头攒动，熙熙攘攘，热闹非凡。每逢会日时期，多数庙会都会唱戏祝贺。

周公庙会

古时，每年正月初六为周公庙会，周边群众自发到周公庙祭拜周公。中华人民共和国成立之后，改设周公庙夏至、冬至测影和春分、秋分祭祀庙会。

火神庙会

正月十六日为告成火神庙会。每逢庙会之时，本镇和四乡文艺社团都会前来祝贺并祭祀火神，以保佑一方百姓平安吉祥。四方百姓也会前来游玩、购物。

小满会

每年的小满节这天，种田的农民便期待着一年一度的夏收。届时，告成村大街小巷商贩们就会摆出各种各样的麦忙农具。为迎接夏收，村民们会争相选购，热闹非凡。

告成庙会甚多，各村都有自己的古刹会。如每年农历的二月初八日盆窑村一仙庙会、二月初九日水峪村老君洞庙会、二月十九日五渡列礓堂庙会、三月三日八方村玉仙寺会、四月初六日双庙卢医庙会、六月二十三日告成马王庙会、七月二十三日告成财神庙会、七月二十八日界头关爷庙会、九月二十八日冶上四仙庙会等。

岁时节俗

岁时节俗包括：春节、元宵节、二月二、清明节、端午节、七夕节、中秋节、重阳节、寒衣节、腊八节、冬至、小年、除夕。

春 节 是传统的农历新年，在民间，俗称“年下”。旧传统上的春节是从农历腊月二十三祭灶神开始，一直持续到来年的正月十九的宴九节。在现代，人们把春节定于农历的正月初一，但一般至少要持续到农历正月十五才算结束。大年初一，男女老少早早起床，身着新装、燃放鞭炮、在先人和各路神仙牌位前摆放食品，焚烧箔纸，烧香祈祷，虔诚祭拜先人及家神。早餐吃饺子，饭后走亲串友，互相拜年。初二至初五，人们带上礼品串亲戚（走亲戚），孩子们要给长辈们拜年。

正月初五，传说是财神的生日。初五这天上午，人们要到附近的财神庙或者自家供奉的财神爷牌位前上香祭祀，祈求招财进宝，财源广进。另外，由于春节期间封剪、封针线、不清扫垃圾等，这一切只有等到过了初五才恢复正常，清扫春节期间积存的垃圾，因而这一天又叫“破五”，也称“泼污节”。

告成镇春节文艺汇演

告成镇春节文艺汇演

20 世纪 80 年代告成镇元宵节文艺汇演

告成镇元宵节文艺汇演

元宵节 正月十五，又称灯节，也称元宵节、上元节。人们要点花灯，放鞭炮，猜灯谜，吃元宵。晚上赏月观灯一直持续到深夜。正月十五，民间各地会有文武社团巡回演出，大街小巷热闹非凡。

二月二 农历二月初二，俗称“龙抬头”，意思是到了龙王要下雨的时节，寓意着一年的好运就要到来的意思。这天人们要吃煎饼，炒玉米花，大家习惯在这一天理发，以为吉祥，可以带来好运。

清明节 清明节为二十四节气之一，一般在农历三月。三月清明是人们踏青、郊游的日子，这天人们都会去祭祀亡故的亲人，给坟墓添土，在坟前挂白纸条烧纸，逢闰年只烧纸不添土。这一天，学校会组织学生前去公墓祭扫烈士陵墓，进行革命传统教育。

端午节 农历五月初五，这一天人们习惯上都会在自家大门上插上艾叶，以示驱鬼辟邪。另外还要吃粽子，在小孩子的脖子上挂五彩香囊，在手脖、脚脖上绑五色线，以防毒虫伤害。

七夕节 又称七巧节，发源于中国，来自牛郎与织女的传说。相传为牛郎织女鹊桥相会之日。

中秋节 农历八月十五，人们吃月饼，赏月。届时，人们会向月神许愿，以保年年风调雨顺，岁岁四季平安。

重阳节 农历九月初九为重阳节。这天，古人常会登高赏秋，后来被当作“老人节”，各级政府旨在提倡关心老人，孝敬老人。

寒衣节 农历十月初一，家家户户以五色纸、冥币到坟上为故去的先人“送寒衣儿”，因此，告成地区有“十月一儿送寒衣儿”的说法。

腊八节 农历十二月初八称腊八，人们要做腊八粥。告成人有“冬至疙瘩夏至面，腊八吃顿稠米饭”的说法，这是人们进入腊月的第一个节日，历代沿袭相传成俗。

告成镇冬至文化节饺子宴

冬　至 每年的12月22日左右是冬至节。这天人们要吃饺子。因为饺子像耳朵，寓意把耳朵捏结实，不要被冻掉。冬至为二十四节气之一，是“交九”的第一天，这一天昼夜等长，民间有“吃了冬至饭，一天长一线”的说法，冬至过后，开始昼长夜短。

小　年 农历腊月二十三俗称“小年”，又称祭灶节。这一天，人们要用“糖瓜儿”拜祭灶神，祈祷他“上天言好事，下界保平安”。

除　夕 农历十二月三十（小月腊月二十九），是农历年末的最后一天，这天晚上称为除夕。晚饭吃饺子年夜饭，看春节晚会或者休闲娱乐。零时一到，家家户户开始燃放鞭炮。有的人彻夜不眠，叫“守夜、熬福”。

传统风俗

拜　节　出嫁的姑娘要带上女婿、孩子回娘家给父母拜节。农村传统习惯是农历正月初二，也有因各种原因而推迟拜节时间到初五的。拜节，在告成境内，一般是背32个蒸馍（馍的个头很大）、一根礼条（带肋子的猪肉，5斤或更多）、四样菜（葱、白菜、粉条或其他鲜菜，数量不多，但需凑够四样）；到家后，大人都给小孩发压岁钱。干儿、干闺女给干爹干妈拜年。所带礼品，从认干儿（或干闺女）那一年起，也是与姑娘、女婿给父母拜节一样，32个蒸馍，一根礼条，四样菜，一直背到12岁，到第12年完锁。完锁之后，每年是随便拿点心瞧看。旧风俗，正月初二拜节不住娘家。

添馍缸　新媳妇过门头一年，拜节之后，还要回娘家住些时日，一般旧俗是正月十五以前就得回娘家，住七天，过了十五再回婆家，这叫“躲灯”。躲灯之后，十七早上（越早越好）回婆家。回婆家时，还要带回32个蒸馍，一根礼条（有些还有四样菜），这叫“添馍缸”。添馍缸是为了不把自己家（婆家）背穷。这个礼节只限于新媳妇过门头一年。

送　扇　姑娘出嫁头一年，娘家要去送扇，时间是在入伏之后。娘家要蒸32个蒸馍、带一根礼条，两把扇子（要用红纸红线包缠），姑娘、女婿每人一身新衣裳。

望　夏　望夏是姑娘出嫁头一年夏天，姑娘要背32个蒸馍和一根礼条及四样菜，回娘家住一个时期。名为“望夏”、纳凉，实际借此机会一是看望爹娘，二是在娘家做鞋，一直到立秋才回婆家。

燎　灶　俗称“燎锅底”，出嫁的姑娘分家的头一年，娘家要带32个蒸馍、一根礼条和四样菜，还有纸钱，来给姑娘“燎锅底”，给姑娘、女婿的祖先、灶君、财神全神等烧纸钱祷告，希望姑娘、女婿一家富裕、安全、和睦，后代昌盛。

送米面　出嫁的姑娘生孩子，生下孩子的第三天，要端面条，俗称“喜面”，而女婿还要挑上面条，带一只鸡（男孩带母鸡，女孩带公鸡）向岳父岳母“报喜”。所带面条要给岳父岳母的本家族人分送。接着，娘家要先送“小米面”，多数是一提篼面，一身小衣服、鸡蛋、红糖和一罐绿豆芽，并且走在路上还不许说话，到后，豆芽往床后撒一撒，俗称“扎根”。之后，是根据婆家定的日子送“大米面”，也就是大宴宾客。娘家还要挑两大提斗面，有的抬食盒，还有被子、褥子、小褥子、小衣服（有棉有单）、帽子、肚兜等。带来的面由坐“月子”的姑娘舀两碗，其余的由娘家人带回去，说是等满月去“挪骚窝”时吃的。

送 雁 每逢闰月年，姑娘、女婿要蒸一对很大的雁给娘家父母（或干爹干妈）送去，还要给娘家爹娘每人做一条红腰带（现在多数都是买衣服）、一双红里鞋，与雁一块送去，寓意是延年益寿，消灾辟邪，一家平安。

拜 寿 拜寿是老人60岁之后才开始，每年在生日那天摆酒席，众亲友带上贺寿的礼品和鞭炮来祝贺，俗称“做生儿”。

告成镇旧风俗颇多，新中国成立之后，有些已被革除。以上几种习俗也在不断更新内容，赋予新的含义。

方言土语

方 言

中——“中”，有史以来在登封地区广为流传，表示肯定，是、行、好、可以的意思；相对应的“不中”表示否定，如：不中、不行、不好、不可以。

圪羝——公绵羊

臊胡——公山羊

羯子——阉割过的公羊

麻也瞧——喜鹊

小虫儿——麻雀

老鸹——乌鸦

磕头虫——金针虫成虫

清到起——早上

后慢场儿——下午

裤衩——裤头

稀乎——差一点

晌午错——中午刚过

小饭市——快到吃早饭时

肉头户——有钱不开眼的人

喷壶——光说大话

磨怔——办事不麻利

洋灰——水泥

茅子（厕）——厕所

厦子——厢房

厮跟着——一路同行

小心眼——心胸不开朗的人

棉花对锤——光说好听的不办实事

马墩——小棉袄

不出坦——有病、心情不舒服

对么——刚才

低脑——脑袋（头）

假婆——外婆（外祖母）

尖酸——很小气的意思

吝人——恶作剧、令人讨厌

皮子——狐狸

顺毛驴——喜欢戴高帽、爱听奉承、吃软不吃硬

各对——凑合

前半晌——上午

二百五——不足成

出穿——蚰蚓

驷牛——母牛

神实旦——办事过于认真

神磨——干活过于细

牤牛——公牛

老轩——很好的意思

俗 语

不打勤不打懒，专打不长眼。

得饶人处且饶人，不要把事情做绝。

宁养吃才，不养破财。

能吃过（锅）头饭，不说过（锅）头话。

吃的一锅饭，不说两家话。

光说不练假把式，说着练着真把式。

歇后语

十五个人吵架——七嘴八舌

小秃剃头——省劲

绱鞋不拿锥子——针（真）中

二十亩地一棵谷——单根独苗

老太太纺花——慢慢上劲

云彩里摆手——高招

天空中挂灯笼——高明

飞机上撒牡丹——天花乱坠

剃头挑子——一头热

狗啃麦苗——装羊（洋）

天明不叫——晕鸡

苍蝇爬到玻璃上——有光明没前途

土地爷牵猴——老玩家

麻包片绣花——底子不好

老虎拉车——没人赶（敢）

老鼠拉木锨——大头在后

抱着元宝跳井——舍命不舍钱

羊群里跑出大白驴——就数你大

仨钱放两下—— 一是一、二是二

长虫吸扁担——直棍一条

小鸡不吃米——喂（为）啥

儿 歌

月奶奶，明晃晃，打开后门洗衣裳。洗得净，捶得光，打发哥哥上学堂。读诗书，念文章，红旗插到咱门上。全家老少喜洋洋，你看排场不排场。

月奶奶黄巴巴，爹织布，娘纺花。孩子哭着要妈妈，买个烧饼哄哄他。爹一口，娘一口，咬住孩子小指头，疼得孩子泪直流。

天明了，天明了，三朵菊花开成了，爹一朵，娘一朵，剩下一朵喂莺哥。

一抓金，二抓银，三抓不笑是好人。（用手轻抓对方膝盖玩，谁不笑谁就赢了，谁笑谁就输了。）

瞎话儿，瞎话儿，窗台种了二亩西瓜儿，瘫子偷走了，瞎子看见了，聋子听见了，瘸子撵上了，缺胳膊的拉住了。

小枣树，弯弯枝，婆家看好二十一。娘，娘，你陪啥？粗布衣随你拿。爹，爹，你陪啥？一匹骡子一匹马。嫂，嫂，你陪啥？木梳、篦子假头发。哥，哥，你陪啥？红箱子，绿柜子，嘀嘀嗒嗒送妹子。爹也哭，娘也哭，嫂子美得拍屁股。

民 谣

穷东街，富西街，穿靴戴帽衙前街。

从小读书不认真，不知书中有黄金。长大才知黄金贵，夜照明灯下苦心。

下大了，麦罢了，官家闺女出嫁了。十二个猪，十二个羊，十二个骆驼排两行。头里抬着花花轿，后头抬着顶子床；顶子床上两瓶油，大姐二姐都梳头；大姐梳的盘龙戏，二姐梳的盘花楼；掉下三姐没啥梳，梳个狮子滚绣球。

二十三糖瓜粘，二十四扫房子，二十五磨豆腐，二十六割年肉，二十七杀年鸡，二十八贴嘎嘎，二十九蒸馒头，年三十包扁食。

毛主席，大救星，派来亲人皮司令。打鬼子、救百姓，处处为的咱群众。

毛主席，在延安，听说豫西有灾难。派来大军几十万，一心为了搭救咱。

谚 语

秋分早，霜降迟，寒露种麦正当时。

立夏不下，高挂犁耙。

麦过芒种青有面。

桃三杏四梨五年，枣树当年就见钱。

枣芽发，种棉花。

树怕剥皮，人怕烂心。

人怕没脸，树怕没皮。

桃花开，杏花败，梨子骨朵跟上来。

沙里栽杨，泥里栽柳。

七月十五枣红圈，八月十五晒半干。

吃山不养山，丢了金饭碗。

无灾人养树，有灾树养人。

七阴八下九不晴。

干冬湿年下。

交一九，长一手。

收豆不收豆，但看正月二十六。

吃了冬至饭，一天长一线。

小猪要游，大猪要囚。

铁打骡子纸糊马。

山上多种树，等于修水库。

桃养人，杏伤人，李子树下抬死人。

晚天西南明，来日必定晴。

东北风头大，西北风腰粗。

雨搅雪，下半月。

八月初一下一阵，旱到来年五月尽。

早晨下雨一天晴，夜里下雨到天明。

久旱西风雨，久雨东风晴。

四月八，大风刮，十条沟九条挖。

属一伏，短一锄。

一过三月三，歇马就去鞍。

大旱不过五月十三。

民间文化

告成镇民间文化活动由来已久，一般都是群众性的自发活动。

文艺演出

农村戏剧 据传清光绪至宣统年间，剧种有豫西梆子、越调和南阳大平调。界头村有个戏剧领头人在5个村子办了5个班，共有演员180多人。每逢岁时节令或者庙巡回演出。

20 世纪 80 年代告成镇文艺演出

告成镇旱船表演老照片

民间花鼓队　1949—1950 年，劳动人民为了庆祝翻身解放，以各村学校为中心，村里的青年男女成立秧歌队、花鼓队、腰鼓队。1951—1953 年，抗美援朝时期，各村花鼓队组成游行队伍，声讨美帝，支援抗战。1955—1958 年，农业合作化高潮和人民公社成立时期，花鼓队更是热闹非凡。如今，农村仍保留有甩彩巾、彩带、耍花棍、挑花篮的秧歌舞。

登封市非物质文化遗产——王村旱船

踩高跷

双头马

说唱曲艺 1959—1966 年，告成的业余剧团发展到 13 个，演员达到 450 人以上，1967 年各业余剧团统一改名为毛泽东思想文艺宣传队，共有宣传队 18 个，演员 540 余人。1979—1985 年，业余剧团锐减，存下来的共有 7 个，演员 200 余人。

文武社团 民间社团历史久远，多集中在每年岁首（农历正月十五前后）进行演出活动。其中，以告成镇王界头村的文社旱船最为著名。2016 年，被登封市评为非物质文化遗产。

舞狮

20 世纪 80 年代告成镇八方村猩猩怪武社团　　20 世纪 90 年代告成镇八方村猩猩怪武社团

八方村猩猩怪武社团演出

文武社团有文社、武社，形式多样。相传始于唐代，盛于清，当今犹盛。文社分为踩高跷、小黑驴、双头马、抬花轿、撑旱船、二鬼扳跌、大头人等；武社有狮子、老虎、猩猩怪、少林武术表演等。

民间文艺

布　艺　告成民间布艺、扎花源远流长，其主要工具和原材料为剪刀、刻刀、针、锥子、纸张、布料、线绳、麻秆、杆、竹、苇。剪、贴、糊、扎、缝成各种物件形象。

纸　艺　纸艺多为窗花、门花、壁花，用纸剪而成。有些直接粘贴于窗门、墙壁，有些装饰纸扎或悬吊用于装饰鞋、帽、服装上的则为先贴花，然后按花型配各种色彩丝线缝、扎、刺绣。贾沟村王二妮剪纸曾于 1985 年获文化部民间剪纸工艺奖。

艺文

告成镇北依嵩岳，南傍颍河，境内箕山高耸，颍河水长流，风景秀丽，文物荟萃，历代文人墨客在此多有吟诵，古老的文化孕育的传说故事代代相传。

诗赋

三士赞

[魏]曹植

尧禅许由，巢父是耻。

秽其溷听，临河洗耳。

池主是让，以水为污。

嗟此三士，清足励俗。

许由颂

[晋]潘岳

邈哉许公，执真履贞。

辞尧天下，抱朴隐形。

箕山

川停岳峙，澹泊无营。
栖迟高山，与世靡争。
虚薄忝任，来宰斯城。
愧无惠化，豹产之政。
峨峨治所，乐慕景名。
登箕逍遥，来过墓廷。
通于时宪，倾筐不盈。
恨无旨酒，奠公之灵。
死而不朽，公其有荣。
聊述雅羡，扬公馨声。

扈从登封告成颂

[唐]宋之问

复道开行殿，钩陈列禁兵。
和风吹鼓角，佳气动旗旌。
后骑回天苑，前山入御营。
万方俱下拜，相与乐升平。

初至崖口五渡

[唐]宋之问

崖口众山断，嵚岸耸天壁。
气冲落日红，影入春潭碧。
锦缋织苔藓，丹青画松石。
水禽泛容与，岩花飞的砾。
微路从此深，我来限于役。
惆怅情未已，群峰黯将夕。

五渡河　刘客白　摄

送裴十八图南归嵩山

[唐]李白

（一）

何处可为别，长安青绮门。
胡姬招素手，延客醉金樽。
临当上马时，我独与君言。
风吹芳兰折，日没鸟雀喧。
举手指飞鸿，此情难具论。
同归无早晚，颍水有清源。

（二）

君思颍水绿，忽复归嵩岑。
归时莫洗耳，为我洗其心。
洗心得真情，洗耳徒买名。
谢公终一起，相与济苍生。

答宋十一入崖口五渡见赠

[唐] 李适

闻君访远山，跻险造幽绝。
眇然青云镜，观奇弥年月。
登岭亦溯溪，孤舟事沿越。
崿嶂傅彩翠，崖磴互欹缺。
石林上攒丛，金涧下明灭。
扪壁窥丹井，梯苔瞰乳穴。
忽枉岩中赠，对玩未尝辍。
殷勤独往事，委曲炼药说。
邀余名山期，从尔泛海渤。
岁晏秉夙心，斯言非张设。

宿五渡溪仙人得道处

[唐] 常建

五渡溪上花，生根依两崖。
二月寻片云，愿宿秦人家。

颍水 王小吾 摄

上见悬崖崩，下见白水湍。

仙人弹棋处，石上青萝盘。

无处求玉童，翳翳唯林峦。

前溪遇新月，聊取玉琴弹。

箕 山

[宋]欧阳修

朝下黄芦坂，夕望箕山云。

缅怀巢上客，想彼岩中人。

弱岁慕高节，壮年婴世纷。

漱流羡颍水，振衣嗟洛尘。

空祠乱惊鸟，山水含余曛。

聊兹谢芝桂，归月及新春。

五渡水

[元]杨奂

几时落东溪？曲折卧天汉。

语似登山人，可饮不可盥。

巢父颂

[明]黄省曾

巢父鸟栖，弗宫栋宇。

由进尘言，严挥不与。

乃临其清，乃洗其耳。

箕颍高风，千龄无已。

玉溪垂纶

[明]高出

春流窸窣漾回溪，仿佛桃红客更迷。

时倚晴云一垂钓，石羊关外午莺啼。

星台远望

[明] 傅梅

成周礼乐久尘埃，吊古强登百尺台。
满日浮云何处望，愁看洛水自西来。

阳　城

[明] 傅梅

自从大禹避阳城，历数于今几代更。
河洛尚存千载迹，讴歌想见万方情。
微茫玉帛荒祠暮，寂寞舟车古道平。
故址不堪搔首望，高原惟有野人耕。

无影台

[明] 李世德

覆载无垠处处同，古人曾此弗经营。
一从测力天中后，千载华夷界限明。

星台远望　刘客白　摄

春日谒周公祠测景台次壁间韵

[明]郑大原

元圣当年曾测景，巍峨庙貌石淙浔。
阶前台榭余芳草，门外山川映古林。
观象已知超远略，星天更见识玄心。
我来萧戒明禋典，漫向碑前续赏音。

颍　水

[清]桑调元

一泓清可怜，春绕箕山足。
鳞鳞映白云，萧萧滋翠竹。
暖戏泳尝沙，轻浮追属玉。
如闻洗耳人，沂流牵我犊。
龙卧有青山，蝉蜕无黄屋。
澄波流至今，高士见不数。

颍水春耕

测景台

[清]叶封

自古阳城地，相传测景台。
岳形当正落，石表定谁裁？
太史推求法，元公制作才。
土中千象伟，瞻望重低回。

观星台

[清]董榕

气肃天重九，山围地正中。
高台瞻皓月，古庙拜元公。
圭尺遗衡在，衣冠雅兴同。
携樽忻共醉，不数晋人风。

周公测景台　王小慧　摄

谒周公庙观测景台

[清] 李来章

遗庙阳城阴，萧条隔暮林。
山多春气薄，地僻野云深。
片石饱风雨，残台阅古今。
谁从千载后，圭影识天心？

曲　河

[清] 高一麟

一水抱村转，其名曰曲河。
有田皆种稻，无屋不临波。
离落围烟树，岑楼挂雨蓑。
此间通大道，处处酒旗多。

测景台赋

[唐]范荣

大圣崇业，万象潜通。据河洛之要，创造化之功。建以黄壤，亘以紫宫。右辅伊阙，左连轘嵩。银台此而可拟，瀛壶方而讵同。掩扶桑于日域，包蓬莱于海蒙。式均霜露之气，以分天地之中。于是仰元穹之文，俯黄壤之理。下压坤德，上罗乾纬。垂形象物，既不假于银衡；司刻探元，何必邀于铜史。其细也难究，其妙也若此。斯岂阴，而若易徒。且夫圣不可测，道实兼致。天地与能，幽灵必契。囊括众巧，网罗群艺，自然而来，時能比计，今来古往，时移道替。滋岁月以成朽，觉风尘之渐异。人有代兮俗没，地有形兮无制。零落空阶，莓苔古彻。颓墉逦迤，但觉萧条。高阜荒凉，寒城芜翳。攀圣迹而难企，感吾徒而流涕。漪欤成周，系圣纂极。君少臣政，流言更逼。自郏卜洛，其仪不忒。公敷其化，人尽其力。惠而不费，功成事息。饮圣德之征臭，岂赋者之能识。

民间传说

郭守敬寻找“天心地胆”

元代初期，气候反常，水、旱、风、雹等灾害连续不断。元世祖忽必烈带领随臣，走南访北，想找一位“管天”的能人。有一次，忽必烈来到顺德府邢台县境内，见一个乡间土场上摆着许多测量天象的器具。他下马亲自观看一番，当即派人查问这些器物是谁造出来的。随臣查问后禀报说：“造器者是该乡监生郭荣之孙郭守敬。此人学问渊博，尤其擅长天文。”忽必烈闻听大喜，立即下了一道圣旨，选郭守敬进京研究天文，改革历法，并赏他快马10匹，随从多人，以利外出观测。

地胆石（董作宾摄于1936年）

郭守敬带着随员，乘着快马，到全国各地考察，想挑选一个合适的地方建立一座观星台。据说，修建观星台的地方，应该选在大地的“中心”。可是大地的“中心”在何处呢？郭守敬想尽办法测不出来。他又急又愁，头发也脱落了，两眼也凹陷了，整天不思饮食，夜不成眠，忧病成疾。就在这个时候，有一个人专程赶到京城去找郭守敬，见到郭府的门官便问：“是郭大人府吗？”门官答道：“正是，有什么事？”那人说：“专程赴京见大人，有要事禀告。”门官答：“大人身体欠佳，不予接见。”那人随手拿出一张药方递给门官，说郭大人只要照方服药，病就好了。

门官接过药方，进府交给了郭守敬。

郭守敬接过药方一看，只见上面写着：

“天心一个，地胆一枚。

引子：中药一钱。”

郭守敬大喜，“天心地胆”不正是我要找的地方吗？他忙对门官说：“去，赶快把那个人请来！”门官走到大门口一瞧，转回来说：“那人早已走了。”

郭守敬十分惋惜地说：“此药妙矣！”

门官问道：“有‘天心地胆’这样的药吗？”

郭守敬说：“药虽然还没找到，可是药引已经找到了。‘中药一钱’。‘中药’即嵩山，‘一钱’即‘以前’，莫非天心地胆就在嵩山以前？”于是郭守敬便带着人马，来到“中岳以前”寻找“天心地胆”。

有一天，几个随从在嵩山扳倒井南边、龙尾村东侧见一处悬崖，犹如刀切一般齐整，一个石匠拿着拐尺墨斗，打着悬梯在崖壁上划了许多正方形格子。一个随从走上前问：“师傅，你画这做什么用？”

石匠说：“做尺子量天用。”

随从讥讽道：“听师傅的口气，你是个心大胆也大的人啊。”

石匠一本正经地说：“再大还能比天心地胆大吗？”

随从听了“天心地胆”四个字，忙问：“天有心地有胆吗？”

石匠回答：“怎么没有？没听人说，天有心，地有胆，天心地胆在告县。”

随从人员急忙又问：“告县在哪里？”

石匠用手一指说：“中岳以前。”

随从听到石匠一番话，又仔细看了看他的相貌，好像是从前见过的那位送药方的人，便问：“师傅，您……”

石匠听他问话，忙指着山下说："看，山下来了一帮人马。"

随从人员一看是郭守敬他们上山来了，赶忙下去迎接，把老石匠的话，全部讲给了郭守敬。郭守敬一听，急忙往山上跑去，来到扳倒井南，龙尾村东侧悬崖处一看，哪里还有石匠？只见石崖上划着36个格子。

随从人员再次提醒郭守敬说："郭大人，那石匠不是说"天心地胆"在告县吗？告县可能就是告成县，咱去那里看看吧！"

郭守敬"嗯"了一声，便带领人马，直奔告成县而来。此时正值仲夏，第二天便是夏至。这天早晨，知县陪同郭守敬一行上街察看，来到县内铸铁市口，忽然看见一群小孩子拍手高唱道："称天秤，在地中，夏至到，日无形。有了秤，人胆大；老天爷，害了怕……"知县向郭守敬解释道："称天秤就是石圭，古时夏至这天中午，太阳直射石圭而四周无影，由此可知石圭所立之处为地中。"

接着，他们又来到周公测景台，观看了当年周公测天用的器具。

知县又说："古时候人们就把这里称为'地中'。百姓门常说，地中就是'天心地胆'。"

郭守敬这才恍然大悟，便上书朝廷，在告成县建立了一座观星台。后来，郭守敬又得知扳倒井南龙尾村东侧崖壁上的方格子便凿了下来，运到了观星台。从此，他就在这座观星台上测天量地了。

郭守敬选择的观测站共有27个，分为两类，大都、南海、衡岳、岳台（嵩山）、和林、铁勒、北海7个站属于第一类，其余20个站属第二类。第一类7个站比较重要，是郭守敬精心选择的，从南到北代表了各大区域，沿同条南北子午线上。相邻两站的纬度间隔都是10度，在这7个站上，观测项目齐全，共有三项，除了观测北极出地高度（即北纬度）一项与其他20个站相同外，同时还观测了夏至这天中午太阳影子的标准长度和白天夜晚的时间长短两项。

这次测量派出的有14个队。一向严肃认真重视实践的郭守敬，亲自率领了一队人马。

全国27个观测站的观测记录，为我国留下了宝贵的科学资料。测量的结果记载在《元史·天文志》"四海测验"篇中。可供查阅。可惜的是27个观测站现在多已废毁。唯有"河南府阳城"一处是难得的幸存者，是当年按照郭守敬的设计建造起来的。登封观星台，至今仍巍峨地屹立在登封市告成镇区北部。

石羊关的传说

据说三国时候，魏王曹操曾经设宴，当时有个道士也来参加了。这个道士叫左慈，字元放，庐江（今安徽）人，会各种法术技艺。曹操想试试他有多大的本事，等菜上了满满一桌子，便指着那丰盛的山珍海味叫左慈认，还假装惋惜而又恳求地说："今日盛宴，众位欢欣，只是席下缺少美味可口的淞江鲈鱼——君能取到吗？"左慈被曹操突然的问话弄得一愣，但很快镇定从容答道："试试吧。"他叫随从拿一只铜盘，盘内倒满清水，然后又用竹竿，上有丝线鱼钩，挂上鱼饵，垂到盘里钓起来。他这样做的时候，曹操以为他在装模作样，别人也以为他在故弄玄虚，都憋着满肚子的耻笑。左慈镇定自若，只管垂钓。慢慢地，慢慢地，他竹竿一挑，真的从铜盘内拉出一条鲈鱼来，金鳞金片，生鲜可爱。大家一看，真是一条淞江鲈鱼！都目瞪口呆了。

在众人看傻眼的时候，曹操却想：看你能有多大的本事。因此又变个样子说："有了淞江鲈鱼，没有蜀中生姜作佐料怎好烹炖来吃——能否取来？"左慈说："也可得来。"曹操怕他就近弄，冒充蜀姜，又说："我已派人入蜀买锦，可传我的命令：叫他再买些蜀姜来。"说罢不久，便见左慈拿着蜀姜从门外而入，还说，已经传达了魏王命令，并买了蜀姜回来……

后来，曹操派出的使臣从蜀回来，问到他买锦时，又问买姜一事的情况、时间，都与传达曹操命令买姜的情况和时间完全符合。

一连几次试验之后，曹操认为左慈本领高超，便把他留在身边，以便将来战胜蜀、吴。

一天，曹操出帐到郊外去，跟从官员上百人。左慈只弄了一升酒、一斤肉，自己亲自分发，让那些文武百官吃喝得酒足饭饱。曹操感到奇怪，派人查找原因，巡视附近各个酒店，也都全没有酒肉了。曹操佩服他的法术、技艺，但他又非常怀疑，感到长期留在身边又很危险，决定把他软禁起来，借机杀掉。回帐以后，便把他圈在一间严实的小屋子里，并有两个武士把门。

不久，有人报告："见左慈一人向东南阳城山头走了。"曹操便派儿子曹丕带兵去追。追到阳城关，眼看要追上了。却见他走入羊群不见了。只见百十只羊都在安静地低头吃草。牧童在一边撮起两片嘴唇"蛐蛐"地打着口哨。曹丕拦马追问，牧童只说："没见。"曹丕对羊群说："出来吧，我们决不杀你。"忽然羊群中一只老犄羝屈起两条前腿，像人站着一样，用两条后腿站着说："那么，你们为什么这样急急地追赶？"曹丕他们一拥而上地捕捉。一群羊也都屈起前腿用后腿站着说："你们为什么这样急急地追赶？"曹丕命令全部拦杀群羊。结果，提住这只，跑了那只，全都攀登上了关峡岸上的崖壁。

曹丕没有捉到左慈，返回向他的父王曹操汇报去了。牧童赶羊回家去的时候，数一数自己的羊，一只不少。唯见阳城关峡的路边留下了一只回头观望的石羊。

至今，那只石羊还在那里。这个石羊所在的地方被人们叫做石羊关了。

名人与名镇

告成这片古老而神奇的土地钟灵毓秀，地灵人杰，既有古代“隐士鼻祖”许由，又有农民揭竿起义的领袖陈胜；既有各个时代为民造福的清官廉吏，又有现代的专家学者，为告成添光增彩。

LOCAL RECORDS OF GAOCHENG

历史人物

许 由

许由，一作许繇，字仲武，一字道开。晋皇甫谧《高士传》载其为阳城（今告成）槐里人。因辞尧禅让，成为中国古代最早名声显赫的隐士之一。

许由所处的尧时代是我国处于传说中的英雄时代，正是由野蛮向文明过渡的时期，当时方国林立，尧帝是当时的方国联盟盟主。此时的许由是一位方国酋长，晋皇甫谧《帝王世纪》载："许由，诸侯，尧师臣也。"尧很欣赏许由的才干，要把天下禅让给他。许由辞尧禅让，隐居于老家箕山。

从此，许由不做高官的谦让美德便流传于天下后世，故有学者称许由为千古隐士的鼻祖。因为相传许由曾做过尧、舜、禹的老师，后人因此亦称他为"三代宗师"。清乾隆丁未年《登封县志》载："许由殁，葬于箕山之颠。亦名许由山，在阳城之南十余里。尧因就其墓，号曰箕山公神。以配食五岳，世世奉祀，至今不绝也。"

巢 父

巢父，《高士传》载：尧时隐人也。山居不盈其利，年老以树为巢，而寝其上。故时人号曰巢父。尧之让许由也，由以告巢父。巢父曰："汝何不隐汝形、藏汝光，若非吾友也，击其膺而下之。"由怅然不自得，乃过清冷之水洗其耳、拭其目曰："向闻贪言，负吾之友矣。"遂去，终身不相见。巢父墓在石羊关。

陈 胜

陈胜，字涉，阳城（今告成）人，秦末农民起义领袖。少年时给富人种地。

据司马迁《史记》载，秦二世元年（公元前209年），朝廷征调900名贫民到渔阳守边。队伍由两名军尉率领，戍卒中大伙推选陈胜、吴广做屯长，督促赶路。走到蕲县大泽乡，天降大雨，道路不通。误了期限，按秦法，误期者斩。陈胜、吴广起义，杀死军尉，召集大家起义。砍树做武器，用竹做旗帜。个个袒露右臂，宣誓起义，攻占了蕲县和附近的几个县城。不到一个月，起义军发展到步兵几万人，骑兵1000人，战车700辆，自立国号“张楚”，都于陈（今淮阳）。这时，北至燕赵，南到吴越，各地农民纷纷杀官吏、攻郡县、率领武装前来响应。命吴广攻荥阳，武臣攻邯，邓宗攻九江，周文攻咸阳。起义军打到了函谷关。吴广因与部将田臧、李归作战计划有分歧，被田臧杀死。陈胜也被章邯战败，在败退中被车夫庄贾所杀。陈胜是个种田的农夫，在秦横暴强胜的时候，能率众起义，可算是一个英雄豪杰，虽以失败告终，但除暴拯残，万世不磨。所以司马迁作《史记》将陈胜列为“世家”。

杜 密

杜密，字周甫，东汉大臣，颍川郡阳城（今登封告成）人。少年时期就有改革风俗的大志。司徒（官名）胡广推荐杜密为代郡（河北省北部）太守，后逐步为太山太守和北海王的宰相。北海王门官宦的子弟，有胡作非为的，杜密不留情面，立即逮捕法办。有一年他视察到高密县，发现乡佐（乡长的帮办）郑玄是个不寻常的人，他就把郑玄召到郡内做官。不久，又让郑玄继续求学。后来杜密去官还家，常去颍川郡和阳城县反映吏民的善恶情况。当时，同郡人刘胜也从四川蜀郡辞官回家，整日闭门不出，绝口不谈政事。颍川太守王昱对杜密说：“刘胜真是一个清净高尚的人”。杜密明白王昱的话是讽刺自己，但毫不在意，并说刘胜居大夫，辞官后地方官以礼相待，而他知善不荐，闻恶不报，隐瞒实情，自我保全，一言不发，如同寒蝉，这是罪人呀！现在有见义勇为的人我推荐，有违法乱纪的人我干涉，使郡府赏罚得当，政绩卓著，这不也有我万分之一的功劳吗？王昱听后很是惭愧，因此，对杜密款待更加周全。后来，汉桓帝拜他为尚书令，又升为河南尹，转升为太仆。灵帝即位，宦官专权，杜密被杀害。

刘受书

刘受书，字中一，号颍谷，告成镇告成村人。明万历丁酉科举人，铨授南直隶池州府建德县县令。博学多闻，特别精通易理，决心做一个有作为的人。著有《易说衍义续编》《图极广略》等书。

刘湛然

刘湛然，字惺复，号淙雯，告成镇告成村人。清顺治乙酉科赐为恩贡，并铨授汝宁府光山县学训导，后擢升山西省辽州府和顺县令。年老归家，著有《先天周易浅说》《易品分门佺注》《卦畴合说》《春秋续传》。年老归乡后，曾重建周公庙大门一楹，现观星台院碑林中《文宪王元经周公庙重修大门戟门碑》有载。

高一麟

高一麟，字亚书，号矩菴，告成镇界头村人。候选登封训导，著有《理学标正》《闽游记事》《矩菴诗质》《矩菴文汇》《嵩阳考稿》《李锡传》等著作，还参与清康熙三十五年《登封县志》的编修。

现代人物

王二顺

王二顺，告成镇告成村人，豫剧表演艺术家。高小文化程度。12 岁与兄到唐庄李金钟戏班学艺，13 岁随班到巩义演出。他 20 岁时到卢店镇蔡子书戏班，以后相继到临汝、偃师、密县等地演出。1945 年，与爱人马元凤及兄王大顺参加八路军豫西抗日先遣六支队政治部宣传队。中华人民共和国成立后，到洛阳五月剧社、洛阳市豫剧二团工作。1952 年，全国第一届戏曲观摩汇演，王二顺赴京演出《滚鼓刘封》饰张飞，被文化部评为二等奖。1954 年，第一届全国人民代表大会召开，他随河南省歌剧团赴京演出了《反徐州》，饰演康茂才，受到大会代表们赞扬和国防部长彭德怀的接见。1956 年，河南省首届戏曲汇演，由崔嵬导演再次演出《滚鼓刘封》，饰演张飞，荣获表演一等奖。王二顺在传统剧目、新编历史剧目和现代戏中，饰《长坂坡》中赵云，《滚鼓刘封》中张飞，《花打朝》中程咬金，并饰演石达开、李闯王等艺术形象。王二顺参演的《杨金华夺印》《打金枝》等戏被录音灌片。他是豫西调大腔大口唱腔的杰出代表，专攻武生，兼演须生、花脸，成为豫西流派靠山簧男唱腔的创始人，在艺坛上有享誉“压塌洛阳”的美名。

毛存有

毛存有，告成镇隔子沟村人。中共党员，高级工程师，享受国务院特殊津贴，登封县七届人大代表，八、九届人大常委会委员，登封市第一届人大代表。生前系新登集团董事长兼总经理。先后荣获全国煤炭工业劳动模范、河南省劳动模范、河南省煤炭工业十佳矿长、郑州市“五一”劳动奖章称号，受到党和国家领导人邹家华、罗干的接见。1999 年 4 月 10 日早上 7 时，2 名歹徒腰持炸药包窜至毛存有的住室，逼迫他到办公楼索要现金。为保住国家财产不受损失，他与犯罪分子展开斗智斗勇的生死较量，中午 12 时 50 分，绝望又惊慌的歹徒突然引爆了炸药包，毛存有因公殉职。2000 年 4 月 28 日，河南省人民政府追认毛存有为革命烈士。

名人与告成

大　禹

大禹，古代夏部落首领，舜死后为部落联盟领袖。尧舜时人们深受水患，大禹奉舜命治理洪水，先九州，后九山，再九川，三过家门而不入，从不懈怠，终于治理了水患。后因治水有功，被舜选为继承人，建都阳城（今登封告成）。今告成八方村（王城岗）就是当年大禹会八方诸侯的地方。禹于是即位天子，面南以临天下，国号称为夏。后人为纪念他治水有功，以及他的敬谨德行各地建祠祭祀，道教尊奉为三官神之水官（三官：尧、舜、禹），每年农历十月十五日作为他的生日，隆重祭典。清代时登封城告成街还保留有禹王庙。大禹留下的遗迹至今仍存有太室、少室、启母石、石启洞等实物与传说，为后人所敬仰。费庄现仍有禹洞，田家沟有石启洞。石羊关北有箛启亭等遗址。

姬　旦

姬旦，史称周公。姬昌的第四子，姬发同母弟，即周公旦。周公是西周初年著名的政治家、军事家，为营建洛阳他在阳城立圭表测日影。夏至日影长 1 尺 5 寸为地中。其制与《周礼》所记土圭测日影之说相符。他利用土圭之法，又准确地测定出二至二分（冬至、夏至，春分、秋分），太阳回归年的长度，这为历法的制定提供了可靠的依据。经测定，初分封诸侯国时，周公还根据各地夏至时的日影长度来确定“诸侯受封土地的疆界”。

武则天

武则天，名曌，并州文水（今山西文水）人，中国历史上第一个女皇帝，杰出的政治家、诗人。武则天曾8次驾临嵩山。武周天册万岁元年（696年）腊月，女皇武则天在嵩山举行封禅盛典，改元万岁登封，改嵩阳县为登封县，阳城县为告成县。圣历三年（700年）正月，则天女皇幸嵩山。春一月还神都洛阳。造三阳宫于嵩山之阳。当年，夏四月，则天女皇幸三阳宫避暑。聚众臣会饮石淙涧，并赋《夏日游石淙诗》及序，刻于摩崖碑上。

一　行

一行，本名张遂，魏州昌乐（今河南南乐县）人，中国唐代著名的天文学家和佛学家，先后在嵩山、天台山学习佛教经典和天文数学。玄宗命一行主持修编新历。一行一生中最主要的成就是编制《大衍历》，他在制造天文仪器、观测天象和主持天文大地测量方面也颇多贡献。从开元十二年（724年）起，一行主持大规模的全国天文大地测量，其中以南宫说等人在河南阳城观星台所作的一组观测最有成就。他们在今河南省四个地方测量了当地的北极高度，夏至日影长度，又测量了四地间的距离。经一行归算，得出了北极高度差一度，南北两地相距351里80步（唐代尺度）的结论。这实际上就是求出了地球子午线一度之长。制定《大衍历》从开元十三年（725年）起，一行开始编历。经过两年时间，写成草稿，定名为《大衍历》。开元十五年（727年）一行不幸去世，年仅45岁。

郭守敬

郭守敬，字若思，河北邢台人，元代著名的天文学家、数学家，水利专家和仪器制造家。他在天文方面的主要成就是制造简仪和高表，从而制定了新的历法——《授时历》。他在告成建造的观星台是元初进行“四海测验”的27处观星台站中唯一保存下来的古台建筑。

至元十六年（1279年），在完成了仪表创造之后，郭守敬又及时地提出进行一次大规模的天文测验的建议，并得到元世祖的采纳。是我国古代科学实验活动中的一次空前壮举。郭守敬主持了从上都、大都出发经河南抵南海这一重要的一路实测。实测的范围，南北万里，东西几千里，东至高丽，西及滇池，南逾朱崖，北尽铁勒。郭守敬与王恂、许衡等人，根据实测资料与前人研究的成果进行反复推算和核对，于至元十七年（1280年）编制出《授时历》（即“敬授民时”之意）。这是当时世界上最先进的历法之一。此历远传到日本、朝鲜，它的使用时间长达364年。

安金槐

安金槐，登封大金店镇安庙村人，考古学家。1948年，毕业于河南大学历史系，1950年，从事文物考古研究工作。他先后主持郑州商城、郑韩故城、登封王城岗与东周阳城遗址、新密打虎亭汉墓等10余处大型古遗址和古墓葬的发掘工作，曾任河南省文物工作队副队长，河南省考古研究所所长、研究员，政协全国第六、七届委员会委员，中国考古学会常务理事，中国古陶瓷研究会副会长，中国哲学社会科学基金规划评审委员会考古组委员。他曾两次赴美国参加“商文化国际讨论会”与“夏文化国际研讨会”，在美国召开的中国夏商讨论会担任中国代表团团长。安金槐在20世纪50年代，发现了“郑州商城”，并提出“郑州商城”为“商代亳都”的论断。20世纪60年代，首次发现了原始瓷器并进行深入研究，提出了中国瓷器起源于商代的学术论点，把瓷器的起源由东汉提早了1500多年，引起了国内外文物考古界和瓷器界的关注。他在古稀之年被聘为国家重点科研项目“夏商周断代工程”商前期考古年代学研究课题组组长，为夏商代学的研究做出了积极的贡献。安金槐主编和参与编写的专著有《郑州二里岗》《巩县石窟寺》《登封王城岗与阳城》《密县打虎亭汉墓》《中国考古》《中国陶瓷史》《郑州商城》等10余部，总字数500万字以上。安金槐的学术成就，在港台地区和国外也产生了较大影响，曾先后应邀出访美国、日本。被誉为“新中国河南考古第一人”。

革命英烈

革命烈士名录

姓名	性别	出生年月	籍贯	参加革命年月	牺牲年月	牺牲地点	牺牲时所在单位及职务
宋书林	男	1924年3月	告成镇西街	1945年3月	1945年10月	桐柏县	豫西抗日先遗支队三十五团战士
李同欣	男	1927年4月	告成镇中街	1949年5月	1960年12月追认	失踪	二野四兵团十三军三十九师一一八团一营战士
赵天禄	男	1927年2月	告成镇南街	1945年3月	1945年10月	桐柏县	豫西抗日先遣支队三十五团战士
韩天木	男	1927年5月	八方村	1947年3月	1949年3月	商水县朱集	七纵二十一旅六十三团战士
韩福申	男	1929年3月	八方村	1948年5月	1948年10月	淮海战役	十三纵三十七旅一零九团战士
韩顺	男	1925年5月	八方村	1948年12月	1953年5月	朝鲜元山马遂岭	志愿军二十九师山炮营部副班长
韩庚新	男	1926年3月	八方村	1948年2月	1948年11月	淮海战役	七纵二十一旅六十二团二营六连战士
高辰	男	1928年5月	马窑村	1950年10月	1951年1月	朝鲜	志愿军一一六师三四七团二连战士
胡光玉	男	1960年10月	豹沟村	1979年1月	1979年2月	对越自卫还击战	一二九师防范化连战士
郭毛兰	男	1926年8月	盆窑村	1945年5月	1945年10月	桐柏县沙窝	豫西抗日先遣支队宣传队战士
韩金升	男	1927年1月	韩界头村	1949年1月	1950年3月	西康宁南县华潭乡葫芦口	十五军四十三师一二七团三营九连战士
郭有道	男	1904年3月	杨沟村新庄	1948年11月	1950年2月	四川省龙潭寺	六十军一七九师五三六团团部饲养员
杜全有	男	1913年月10月	杨沟村新庄	1944年10月	1945年10月	登封县东金店高马河	登封县告成区干队战士
申海木	男	1958年11月	杨沟村	1978年12月	1979年2月	对越自卫还击战	一二九师三八六团三营八连战士
郭奎	男	1929年	盆窑村	1945年5月	1945年10月	桐柏县	豫西抗日先遣队战士
胡诸	男	1921年5月	杨沟村赵家沟	1945年7月	1949年3月	湖北省花园	湖北军区独立第一师三团班长

续表

姓名	性别	出生年月	籍贯	参加革命年月	牺牲年月	牺牲地点	牺牲时所在单位及职务
陈之玉	男	1918 年	吴家村	1941 年 7 月	1945 年 7 月	固始县	一九四团一营一连战士
朱金海	男	1920 年	朱家沟村	1945 年 6 月	1946 年 3 月	登封城关北河	豫西抗日先遣支队三十五团战士
申壮	男	1925 年 3 月	田家沟村	1945 年 1 月	1945 年 5 月	登封县颍阳南山	登封县告成区干队战士
牛成和	男	1932 年 12 月	崔楼村	1951 年 3 月	1952 年 4 月	朝鲜定州郡	志愿军一五零师四四九团四连战士
刘富荣	男	1921 年	崔楼村	1944 年 10 月	1945 年 10 月	桐柏县	豫西抗日先遣支队三十五团战士
杨麦全	男	1916 年	王界头村	1945 年 1 月	1945 年 12 月	登封县东金店高马河	登封县告成区干队战士
韩小保	男	1926 年	韩界头南沟村	1945 年 8 月	1946 年 9 月	江苏省淮阴	一纵一旅一团通讯员
韩太	男	1926 年 1 月	韩界头南沟村	1948 年 1 月	1953 年 11 月	登封县韩界头南沟	河南荣校教养院四中队残废军人
陈云章	男	1924 年 7 月	韩界头村	1945 年 1 月	1945 年 8 月	登封县东金店高马河	登封县告成区干队战士
胡丙灿	男	1929 年 6 月	东范店村	1945 年 8 月	1945 年 12 月	大别山	一纵一旅一团战士
王新田	男	1930 年 3 月	东范店村	1948 年 11 月	1953 年 3 月	朝鲜	志愿军三九九团迫击炮连战士
程中央	男	1928 年 5 月	西范店村	1945 年 9 月	1945 年 10 月	桐柏县流河店	豫西抗日先遣支队三十五团一营二连战士
王庚寅	男	1928 年 1 月	东范店村	1945 年 9 月	1945 年 12 月	江苏省王集镇	一纵一旅一团一营三连战士
程玉林	男	1924 年 8 月	西范店村	1945 年 4 月	1953 年 7 月	朝鲜文川郡龙井黄石山	志愿军十二军三十四师山炮营二连战士
王焕	男	1923 年 10 月	东范店村	1945 年 3 月	1945 年 3 月	广西宜山九龙	五十八军一七四师五二零团二营特务连战士
郭醒悟	男	1910 年 7 月	杨沟村盆窑	1944 年 8 月	1950 年 12 月	广西桂林市南效卢沟路	二十一兵团司令部通讯科报务员
高义得	男	1930 年	高界头村	1948 年 11 月	1951 年 3 月	朝鲜永阳里	志愿军二二六团一营二连战士

续表

姓名	性别	出生年月	籍贯	参加革命年月	牺牲年月	牺牲地点	牺牲时所在单位及职务
申江	男	1915 年 9 月	杨沟村	1945 年 1 月	1945 年 10 月	桐柏县	豫西抗日先遣支队三十五团战士
徐发永	男	1924 年 5 月	石羊关村大狼沟	1947 年 7 月	1949 年 3 月	湖北省宜昌	四十七军一三九师四一六团六连战士
吴铁胆	男	1918 年 5 月	烟庄村吴家村	1949 年 4 月	1951 年 4 月	朝鲜五次战役	志愿军三十九军六师三四六团战士

大事纪略

LOCAL RECORDS OF GAOCHENG

大禹建都王城岗

大禹，姓姒，名文命，亦称夏禹，为黄帝的玄孙，崇伯鲧（封于崇）之子，古代夏后氏（嵩山地区）部落首领。因父治水失败，继承父业“凡十三年，三过家门而不入”，治水成功，扶舜十七年。舜死为避伯益居阳城三载，“天下诸侯皆朝禹”，禹于是居天子位，国号曰夏。建都于王城岗。

周公阳城测影

西周灭商后，提出“定天宝，依天室”营建洛邑。于是，周公就在天下立了五表，以颍川阳城为中表，用土圭测影。“乃立表八尺，状如柱，以测影之远近短长，以证四方，以定四时成岁”。周公经过观测，测得阳城夏至日表影长一尺五寸，处于大地南北的中心，周公认此为“地中”即天下之中，所以阳城为“天地之中”。

武则天封禅嵩山，改阳城县为告成县

万岁元年（696 年）十二月，女皇武则天封禅嵩山封中岳大功告成，将嵩阳县改为登封县，改阳城县为告成县。

唐代僧一行于告成进行天文观测

周公测景台，原为土圭土表。唐开元十一年（723 年），著名天文学家僧一行（张遂）搞天文观测时，制定《大衍历》，命令大史监南宫说、太常博士姚元等在黄河南北平地上测量日影。阳城（今登封告成）是当时 27 处观测点之中心。南宫说在阳城观测后，为保存周代测影遗制，将土圭土表换成石圭石表。石表南面刻有“周公测景台”5 个大楷体字，石圭北面刻有一副对联：“道通天地有形外，德蕴阴阳无形中。”

观星台之一 刘客白 摄

周公测景台 陈新宇 摄

观星台之二 郭红欣 摄

元代郭守敬建观星台编制《授时历》

13 世纪末，元世祖忽必烈统一了中国，于至元十三年（1276 年）成立修订历法的专门机构——太史局，任用精通天文历算的著名科学家郭守敬等人设十四路监候官进行了一次大规模的天文观测活动。元至元十六年（1279 年），在全国各地设 27 所观测所，阳城是这次四海测验活动的中心观测所，在此建立了永久性建筑——观星台。郭守敬利用各观测所所测数据，于至元十八年（1281 年）在此汇总精算制定了《授时历》。

观星台被国务院评为首批国保单位

周公测景台是唐开元十一年（723 年）由原周公测影的土圭木表而改建的石圭石表，观星台是元代郭守敬为编制《授时历》所建的（仿宋代城墙建筑）的四丈高表，是保存完整的历史文物。观景台于 1961 年 3 月 4 日，被国务院评为第一批全国重点文物保护单位。

王城岗及阳城遗址被评为国保单位

王城岗及阳城遗址是我国古代城池遗址，王城岗为龙山文化中晚期城址，阳城遗址为东周时期城址。1975 年，在告成北部发现了东周阳城遗址。1977 年，在告成镇西发现一座龙山文化晚期小型城址。1978 年，发现镇区东部的战国冶铁遗址。2002—2005 年，又发现一座大型城址。两座城池遗址于 1996 年 8 月 14 日，被国务院评为第四批全国重点文物保护单位。

周公测景台、观星台古建筑被列入世界文化遗产名录

2010年8月1日，“周公测景台、观星台”（1处1项）作为唯一古天文建筑，连同登封“天地之中”历史建筑群[嵩岳寺塔、太室阙和中岳庙（1处2项），少室阙、启母阙、嵩阳书院、会善寺、少林寺建筑群（常住院、塔林、初祖庵共1处3项）]共8处11项，在巴西首都巴西利亚召开的联合国第三十届世界遗产委员会上，成功列入世界文化遗产。

观星台景区　刘客白　摄

中国二十四节气被列入人类非物质文化遗产名录

2016 年 11 月 30 日，周公测景台作为中国二十四节气肇始地之一，元代观星台作为重点传承地，在埃塞俄比亚首都亚的斯贝巴召开的联合国教科文组织保护非物质文化遗产政府间委员会第十一届常会上，中国申报的“二十四节气——中国人通过观察太阳周年运动而形成的时间知识体系及其实践”，正式通过决议，列入人类非物质文化遗产代表名录。

全国少数民族运动会火种在观星台采集

2019 年 5 月 8 日，第十一届全国少数民族传统体育运动会火种采集暨互联网火炬传递仪式在告成观星台隆重举行，参加采集点火仪式的有国家体委、河南省政府、郑州市、登封市的领导和全国 56 个民族的代表。在采火器前，火种采集使者利用阳光汇聚点燃采火棒。火种的点燃象征着第十一届全国少数民族传统体育运动会正式拉开帷幕。

第十一届全国少数民族传统体育运动会火种采集 郭红欣 摄

大事记

仓帝都于阳城。《禅通记》载："仓帝史皇氏姓侯冈，名颉，治百有十载，都于阳城。"

帝尧游于阳城。颜师古注曰："尧曾游于阳城，故于嵩高山瞰其遗迹也。"郑康成曰："尧游于阳城而死，葬焉。"后人建帝尧祠于测景台北。

据《尚书》载，周成王五年（公元前 1039 年），夏禹建都阳城。孟子曰："禹避舜之子于阳城。"韦昭《史记注》载："夏都阳城，晁氏以夏后初都阳城，百里而远也。"

周公姬旦为营建东都洛邑，至阳城立土圭，测日影，以求地中。

秦二世元年（公元前 209 年），赋役繁重，行政苛暴。阳城人陈胜和阳夏人吴广戍边渔阳途中，在蕲县大泽乡发动戍卒九百人起义。起义军迅速发展到数万人，并在陈（今淮阳）建立张楚政权，陈胜被推为陈胜王。这是中国历史上第一次农民起义。

武周万岁登封元年（696 年），武则天为彰显自己"登封"嵩岳大功告成，改嵩阳县为登封县，阳城县为告成县（俗称告县）。

唐开元十一年（723 年），在告成建周公测景（影）台，改土圭土表为石圭石表。

元世祖至元十三年（1276 年），郭守敬在告成建立观星台。观测星象、测日影，制定《授时历》，至元十八年（1281 年）颁行全国。

明正德十五年（1521 年），河南按察司按察使陈凤梧立谒"周公测景台"碑，建周公祠。

明嘉靖七年（1528 年），知县侯泰重修观星台，并建观星台顶东西小室。

清嘉庆十四年（1809 年）年，重修观星台。

1938 年，成立中共地下党告成区委员会，告成八方、烟庄、界头、西范店等学校先后建立中共地下党支部。

1944 年 5 月 6 日，日军炮击观星台，告成沦陷，至今观星台东立面尚余炮击痕迹。

1945 年 5 月 1 日（农历三月二十日）拂晓，驻隔子沟八路军县独立团七连和五区、一区区干队约 200 多人，遭日伪军袭击，连长贾生银带领一个班与敌搏斗，13 人牺牲。

1948 年 5 月 15 日，随着登封县的第三次解放，告成获得解放。

1948 年 8 月，告成区人民政府建立 。

1949 年 10 月 1 日，告成区人民政府在告成老街西十字口戏楼前隆重召开万人大会，热烈庆祝中华人民共和国成立。

1950 年春，告成实行土地改革，全区共没收地主土地 1798 公顷，分给贫、雇农耕种。

1951年2月，县政府兴建登封第一条大灌渠颍南干渠，全长10千米。

1951年11月，白沙水库动工，坝址在禹州，库区水域全在登封，告成区的费庄、庙庄（含田家沟）、石羊关、蒋庄、水峪部分群众迁出。

1956年冬，修筑登封至禹县公路，告成境内12千米为泥结碎石路面。

是年，在八方发现新石器时代的聚落遗址，被河南省评为第一批文物保护单位。

1958年8月1日，改告成区人民政府为告成人民公社管理委员会，实行政社合一。下设生产大队，大队下设生产队。

1959年6月，告成公社购进第一台“捷克25型”拖拉机。

1960年3月，告成公社购进第一辆汽车，型号为苏联产51嘎斯。

1970年9月，五渡大队购回一部手扶拖拉机，这是告成的第一部拖拉机。

1972—1974年，告成公社万名劳动力修筑箕山腰干渠（从券门水库经库庄、杨沟、袁窑、豹沟、烟庄、冶上、水峪、庙庄），全长15千米。

阳城出土文物陈列馆 刘客白 摄

1975年，河南省文物研究所考古专家和北京大学文博院历史系师生，在双庙沟发现裴李岗文化遗址。

1975年，发现东周阳城遗址。

1976年春，河南省文物研究所告成文物工作站在观星台西侧成立，开展对夏文化的考古研究工作。

1976年12月31日，登封火力发电厂在烟庄村完成6000千瓦发电机组安装工程，一次试机成功，开始发电。

1977年夏，告成地区发现龙山文化晚期城堡遗址。

是年，在告成东北的春秋战国阳城遗址内多处发现刻有“阳城仓器”“阳城”等字样的陶片及地下供水设施。

1979年，在双庙沟发掘裴李岗文化早、中、晚和龙山文化早期遗址。

1980年，贯彻农村土地联产承包责任制。

1983年12月，撤销人民公社，成立中共告成乡委员会和告成乡人民政府，大队改为村，生产队改为村民小组。

1984年4月19日，告成颍河大桥竣工，全长232米，为石砌墩台预应力钢筋混凝土空心板结构，共14孔，水泥路面，限载负荷50吨，是登封县80年代最大的一座现代化桥梁。

1984年9月4日，告成大街(原名阳城大街)全部铺成柏油路面，全长534米，宽18米。

1985年，河南省文物研究所登封工作站，在观星台西侧建成阳城出土文物陈列馆，盖房42间，占地600平方米，陈列王城岗、阳城出土文物。

1988年，启动治理颍河工程。

1990年夏，郑煤集团告成煤矿开工建设。

1992年10月，郑煤集团告成煤矿投产。

1993年8月，阳城磨料耐材有限公司精微黑钢玉直接出口美国、日本韩国及东南亚。

1994年9月28日，经河南省人民政府批准，告成撤乡设镇。

1998年12月6日，宋（砦）告（成）铁路开工修建。

2004年12月，“中华文明探源工程预研究——登封王城岗城址及周围地区遗址聚落形态研究”专题组，在王城岗遗址考古结束。新发现一座面积约34.8万平方米的大型古城址，是迄今河南境内发现的最大面积的河南龙山文化城址。据参与专家讲，登封王城岗与文献

白沙水库

阳城出土文物陈列馆　王凯旋　摄

上记载的禹都阳城的时代、位置比较吻合，在时间、地点、规模上都够资格称为禹都。

2010 年 8 月 1 日，观星台等登封 8 项 11 处古建筑，被联合国教科文组织列入世界文化遗产名录。

2013 年 10 月 18 日，经国家卫生部、建设部、文明办联合验收，告成镇被授予“全国卫生镇”称号。

2014 年 4 月 29 日，中国文联、河南省文联在告成举办 2014 文艺支教志愿服务启动仪式。

2014 年 4 月底，告成镇政府主导建设的中心社区石淙新居建成，群众搬迁入住。

2014 年 7 月，告成镇被列入全国重点镇。

2015 年 7 月，告成镇被国家住房和城乡建设部、国家旅游局联合授予“全国特色景观旅游名镇”称号。

2016 年 11 月 30 日，以观星台、周公测景台为例证的中国“二十四节气”，被列入联合国教科文组织人类非物质文化遗产名录。

2017 年 7 月 17 日，汝登高速公路告成站开通运营。

2018 年 12 月底，告成镇观星广场铺修完成，占地面积 1.2 万平方米，成为全镇最大的群众活动中心。

2019 年 5 月 8 日，第十一届全国少数民族传统体育运动会火种采集暨互联网火炬传递仪式在告成观星台隆重举行。

观星广场 刘客白 摄

告成镇区全景　刘客白　摄

附　录

登封王城岗古城

王城岗遗址位于登封告成镇西北约500米和八方村东北约500米的五渡河西岸岗地上，南距颍河约400米，地势较周围的地面高1～2米。在王城岗遗址范围内发掘出来的古代文化遗存中，年代最早的是王城岗裴李岗文化遗存，其后是王城岗龙山文化遗存（可分王城岗龙山文化一期、二期、三期、四期、五期），二里头文化一期、二期、三期、四期，商代二里岗期下层，商代二里岗期上层，商代晚期，周代的文化遗存。

王城岗遗址中保存最为丰富的是龙山文化遗存，其中发掘出的两座龙山文化中晚期的城址，对研究河南豫西龙山文化的分期和城垣建筑结构等方面有重要价值。

（一）城垣的布局

王城岗城址为东西并列两座，东城的西墙就是西城的东墙，两城所在的地势是西城高于东城。西城墙的基础槽底比东城城墙的基础槽底高2米左右，说明筑城时东城的地面就低于西城的地面。

1. 东城

仅残存南城墙西段和西墙南段相交处的东南城角部分，所剩只是城角的城墙基础槽和槽内的一部分夯土层。墙体已不可寻觅。通过对城墙的钻探和发掘获知，南城墙西段残长约30米，西城墙南段残长约65米，南城墙与西城墙相交处的角度为88°，近乎直角。东城的方向以西城墙测知为北偏东15°。该城角的建筑形制是内角为凹弧形，外角呈凸圆形，向外突出2米左右，似为城角的“马面”设施。可能由于东城的原来地势比较低，而且城的东面又靠近五渡河，所以东城的东部，绝大部分很可能已被河水冲毁。

东城城墙的筑法，从发掘资料看，在修筑城墙前都先在拟筑城墙下面挖一条和城墙走向一致，口部略宽于底部，两壁斜直，平底或凹弧形底的基础槽，槽的底部是依高低不同的原有地势挖筑的，然后在槽内逐层填土和铺垫细砂，夯实。夯土层厚薄不等，薄者仅 0.03 ~ 0.04 米，厚者有 0.20 米左右。夯窝的形状大小和深浅不等，窝形有圆形圜底、椭圆形圜底和不规则形圆圜底等几种，夯窝直径一般为 4 ~ 10 厘米，深 1 ~ 11 厘米，就夯窝形看，很可能是用河卵石作为夯具。

2. 西城

西城的东城墙与东城的西城墙共用，另有西城的南城墙、西城墙和北城墙。西城除北城墙的东段和中段被西北部王岭尖下来的山洪冲毁无存外，西城墙、南城墙和北城墙西段的城墙基础槽和槽内夯土层，大部分或多或少都有保留，通过钻探和发掘获知：西城的南墙除东端与东城西南角之间有一段长 9.5 米的缺口似为西城的城门设施外，南墙长为 82.4 米，西墙长为 92 米，北墙西段的残长 29 米，西墙的方向为北偏西 5° ，它与南墙相交处的角度为 90° ，直角相接。西城西南城角的建筑形制也是内角呈凹弧形，外角呈凸圆形，凸出城墙 3.68 米，似为城角外的“马面”设施。西城墙与北城墙相交的角度为 89° 。也近似直角相接。西北城角的建筑形制虽然部分夯土损毁严重，但从残存的角形看，其内角也是凹弧形，外角为凸圆形，凸出城角 2 米左右，为“马面”设施。从上述情况看，西城的南城墙和西城墙和北城墙应是同时修筑的，整个西城是每边长约 90 多米的正方形，城内面积近 1 万平方米。

从发掘资料看，两城的建筑时代为王城岗龙山文化二期修筑和使用的。不过从某些迹象看，西城的东城墙是利用了东城的西城墙，所以东城修筑应略早于西城，可能是由于东城被五渡河西移冲毁后，才利用城的西城墙作为西城的东城墙修筑而成的。

（二）城内夯土基址

在西城内的中西部较高处和东北部一带，曾发掘出多处王城岗龙山文化二期的夯土基址建筑，其中的城内中西部较高处的夯土基址遗存分布较多较密，但由于原地面上的夯土基址遭到了后期活动的严重损毁，所以残存下来的夯土基址遗存只是一些填埋有人骨架与人骨的夯土基坑、夯土坑和看不出形制的夯土残片。在已发现的夯土基址遗存中，较多的是被王城岗龙山文化三期的灰坑所打破。从已发掘的夯土坑、奠基坑和夯土残片的夯土结构和夯筑方法，以及夯土颜色、质地和夯窝形制等来看，都和同期城墙基础槽内的夯土层相同。夯土坑共发现 13 个，有些是单独存在的夯土坑，有些是和奠基坑相套接的夯土坑。

夯土残片在 11 个探方中发现，面积大小不一。奠基坑共发掘有 13 个。奠基坑是被压在夯土建筑基础下面具有特殊重要意义的一种遗迹。在这种坑内的夯土层之间或夯土层底部下面，多填埋有成年人或儿童的完整人骨架或被肢解的人头骨、肢骨与盆骨。这些人骨架和人骨被填埋在坚硬的夯土层中，很可能与当时对重要筑用人作为奠基有关。

（三）城址的年代

根据地层叠压关系及出土遗物判断，王城岗龙山文化二期。

其绝对年代根据二期夯土基础槽内出土的木炭测定，距今 4010 ± 65 年。树轮校正距今 4415 ± 140 年。西区 T48 奠基坑内出土木炭测定年代距今 4000 ± 65 年，树轮校正距今 4405 ± 127 年。故王城岗城址的年代为距今 4400 年左右，相当于龙山文化早期。

（四）遗物

分生产工具、生活用器和其他。

1. 生产工具

以石器数量最多，磨制，石质青色石灰岩为主，有少量砂成岩、大理石、石英石、玉石。骨器有 16 件，还有一些蚌器和陶工具。其中石铲 51 件、石锛 1 件、石斧 10 件、石锥 2 件、石凿 11 件、石刀 29 件、石镰 15 件、石镞 9 件、石矛 4 件、石纺轮 1 件、石研磨器 3 件、石磨棒 1 件、石杵 1 件，砺石数量较多，皆碎块，骨凿 2 件、骨锥 7 件、骨镞 4 件、蚌镰 11 件、蚌镞 3 件、骨针 1 件、陶纺轮 7 件、陶刀 1 件。

2. 生活用器

主要是陶器，陶质以砂质灰黑陶数量最多，约占 53%，泥质灰黑陶次之，约占 43%；砂质棕陶、黑陶很少，分别占 2.1% 和 1.9%，另外还有几片泥质黄陶。陶器表面素面与磨光者占 29.5%，篮纹占 43%，方格占 25%，绳纹占 2%，划纹、附加堆纹与指甲纹占 0.5%。陶器的制法以轮制为主，兼施手制。陶器器形计有鼎、砂质罐、甑、斝、鬶、盉、盘、杯、觚、壶、豆、碗、钵、盆、瓮、缸、澄滤器、筒形器和器盖等。

3. 其他

另外，还出有大理石块、赤铁矿石、石管、骨簪、陶环、橡籽、陶圆饼等。

（五）王城岗城址的性质

王城岗古城的发现，对于探讨华夏文明的起源问题，是至关重要的。

衡量进入文明阶段的标志有四项：出现了一定规模的城市；出现了文；出现了金属器具；出现了礼仪性建筑。只有同时具备了这四项标志，才能判断一个地区和国家进入了文明阶段。王城岗遗址就具备了这四项标准。王城岗龙山文化城堡尽管规模很小，遗物少，没有集市遗迹，但作为一个“雏形城市”出现在中原土地之后，便成了进入文明社会的重要标志之一。礼仪源于原始习俗，又是等级制度的产物，在王城岗西城内较高的夯土建筑基址下面，发掘出王城岗龙山文化二期奠基坑 13 个，已知这些坑上面的建筑基址共 10 处，其中有的大型建筑基址面积达 150 平方米，有关这些基址的性质，可能与祭祀有关，彼时已经出现了一定的祭祀礼仪。文字是语言的符号，它是人类社会发展到一定历史阶段，由于人们生产劳动和生活的迫切需要而产生的。登封王城岗龙山文化三期出土的陶碗腹部和陶瓮肩部，均刻有 X 形符号，H473 出土一件黑陶杯外底残片上，刻有一个形似“共”字的文字，此字系由两个符号组成，像双手所执，已超越了象形文字阶段，而是比较成熟的会意字了。金属冶铸与使用，是人类社会进入文明时代的重要标志之一。王城岗龙山文化四期灰坑 (H617) 内出土一件铜篙的腹与袋足的部分残片，与该篙同一灰坑出土木炭测定的年代为距今 3555 ± 150 年，树轮校正年代距今 3850 ± 165 年。正好在夏代积年范围之内。综上所述，在王城岗龙山文化二期之时，已经出现了原始城市与礼仪建筑，三期有了文字，四期发现了金属器具，尽管在时间有早晚之别，它却表明了以王城岗遗址为代表的中原龙山文化时期，已经步入城邑文化阶段，进入文明时代。

根据考古资料判断，王城岗遗址与夏王朝之间有着密切的关系。关于夏王朝的积年，文献记载异说甚多，主要有两种意见，一是古本《竹书纪年》：“自禹至桀十七世，有王与无王，用岁四百七十一年。”二是《汉书 · 律历志下》：“（夏后氏）继世十七王，四百三十二岁。”《帝王世纪》中更准确：“自禹至桀，并数有究凡十九王，合四百三十二年。”大体而言，约相当于公元前 21 世纪至前 16 世纪，历时四百余年。王城岗龙山文化城址年代较夏的开国时间早几百年因而不可能是禹都阳城。《世本 · 作篇》载；“鲧作城郭。”《吴越春秋》谓：“鲧筑城以卫君，造郭以守民，此城郭这始也。”《通志》云：“尧封鲧为崇伯，使之治水，乃兴徒役，作九仞之城。”因而说王城岗龙山文化小城堡是夏鲧之都，也许比较更接近历史事实。

鉴于王城岗龙山文化小城堡规模太小，城内没有发现宫室，底邸等重要建筑，附近没有找到贵族墓地，有人说王城岗有城堡没“王气”。这里所谓“王气”可能指的夏王朝之“王气”。据许顺湛先生在《黄河文明的曙光》一书中分析，从考古学提供的资料看早在仰韶文化时，中华大地上已经出现了许多酋邦王国，到了龙山文化时期，酋邦王国和联邦国家并存，平粮台，后岗等城郭。都是酋邦王国的都城。由此看来，王城岗龙山文化城堡也应是一个酋邦国的中心，这些酋邦王国或称城邦王国，已经跨入了文明时代的门槛经过长期兼并战争，由禹为首的夏部族建立了我国历史上夏王朝。

还有的专家认为王城岗龙山文化城址有可能是夏代城址，而且很可能就是夏代的阳城遗址。

（1）告成附近一带的龙山文化，颇具地方特色。这种类型的龙山文化，分布在河南省境内西部地区中岳嵩山及其周围一带。所出陶器，和豫北、豫东地区的龙山文化虽然有着许多共性，如陶器中都是以鼎、砂质罐、甑等炊器，斝、鬶、觚、杯等饮器，豆、碗、盘、钵等食器和瓮、盆、泥质罐等盛储器为主，但是在某些主要陶器种类上或器形上则有着明显的区别。现以出土数量较多的陶炊具为例：在豫西龙山文化中晚期的陶炊器中，主要是陶矮足鼎和陶砂质罐，基本不见陶甗和陶鬲；而在豫北和豫东的龙山文化中晚期的陶炊器中，陶有陶鼎和陶砂质罐外，还有较多的陶甗和少量的陶鬲。这些差别绝不是一种偶然现象，应该和当时族属的不同有关。根据文献记载和考证，在商代之前的夏王朝建国前后，豫西地区是夏族先公们的重要活动地域之一，而且是夏王朝建立起奴隶制国家后的统治中心地带，所以在探索夏文化和夏代文化的过程中，豫西地区应是重点区域之了。在这个区域内，早于商代二里岗期文化的二里头文化和与之有渊源关系的龙山文化自然而然地就成为探索夏文化和夏代文化的重要对象。

从豫西地区的龙山文化中晚期、二里头文化和二里岗文化的出土遗物特征来看，它们之间应有前后一脉相承的发展关系。龙山文化中晚以王城岗的分期为例，可分为王城岗一期、二期、三期、四期、五期；二里头文化从目前已发表的资料可以区分为一期、二期、三期、四期；二里岗文化分下层与上层。其中的二里岗期下层和上区多数人认为属于商代根据文献记载和考证，一般认为夏代自夏禹建国到商汤灭夏桀，共有五百多年左右的历史。如果仅把二里头文化一期、二期作为夏代文化，显然与夏代五百年的历史很不相符，即使把二里头文化的一期、二期、三期、四期都作为夏代文化，与夏代的纪年也不相符的。因此，在二里头文化之前必然另有一种文化属于夏代文化的范畴。这一文化应是豫西的中晚期龙山文化。登封王城岗龙山文化二期的两个城址的年代正是属于此范围内，似应属于夏代早期的城址。

（2）王城岗龙山文化二期城址内灰坑中出土的木炭经 C14 测定，年代分别是：距今 4000±65 年，约公元前 2050 年：距今 3885±80 年，约公元前 1935 年（参看《考古》1980 年 4 期 373 页）。夏代纪年，一般是从公元前 22 世纪或公元前 21 世纪至公元前 17 世纪，即距今约 4200 年或 3700 年之间。从上述两个年代数据看，都应落在夏代纪年范围之内。所以王城岗龙山文化二期城址无疑应属夏代城址。

（3）城址的出现，应是人类社会发展到一定历史阶段的产物。一般来说，由于私有制的发展，原始氏族社会随之解体，奴隶制国家产生，城址也就伴随而产生。城址是奴隶主阶段作为防御和统治人们的一种设施。诚如恩格斯在《家庭、私有制和国家的起源》一书中所说："在新的设防城市周围屹立者高峻的墙壁并非无故，它们的壕沟深陷为氏族的墓穴，而它们的城楼已经算入文明时代。"王城岗龙山文化二期城址的出现，说明豫西的龙山文化中晚期，已不属于原始氏族社会发展阶段的范畴，应已进入了奴隶制发展阶段，而这一阶段正属夏代。这为王城岗龙山文化二期城址属夏代城址提供了另一个佐证。

（4）王城岗龙山文化二期城址内发现了建筑基址下的 13 个夯土奠基坑，从另一角度说明这里的龙山文化二期已经发展到了奴隶制社会阶段。例如，奠基坑 1（WT48H760）并未发掘到底，而在坑内夯土层间就清理出完整的人骨架 7 具，死者身份很明显是奴隶。建筑物的主人无疑是奴隶主与贵族。

（5）王城岗城址内龙山文化中晚期出土大量农业生产工具石铲和石刀，此类石器的绝大多数都钻有一个或两个圆孔，以便安装木柄使用。钻孔后的石铲即可安装直柄用掘土的铲用，又可安装曲头柄作锄用。锄耕的出现，必然大大促进当时农业生产的发展。同时，从龙山文化中晚期出土的斝、鬶、觚、杯等饮器数量之多，也反映当时粮食生产大有发展。只有农业生产的发展，才能奠定奴隶制社会的基础。奴隶制社会的发展，才有可能出现城址。这都是互为因果的事。

（6）龙山文化中晚期城址所在地的"王城岗"及西北方"王岭尖"这两个地名，是当地群众久传下来的以"王"字命名的古老地名。从已发掘出来的王城岗龙山文化二期的城址范围看，正和群众传说的"王城岗"的大小相一致。所以，估计就是夏代阳城遗址大致不误。

（7）把王城岗龙山文化二期所出城址定为夏代阳城遗址另一个依据也是有文献记载的。在报告前言中曾提到有关文献中都有"禹都阳城""禹居阳域"或"夏都阳城"的记载，其地望又与夏代阳城的地望，多数文献记载和传说，皆和崇山（即嵩山）、箕山、颍水和五渡水相连系。其中《水经注》颍水条郦道元注云："颍水又东，五渡水注之，……其水东南流经阳城南，昔舜禅禹，禹避商均、伯益避启，并于此也。"《括地志》又云："阳城在箕山北三十里。"这里所说的阳城，当然不仅指夏代阳城，也包括东周及其以后的阳城。这些文献记载中述及的有关阳城地望，正和现今登封县告城镇一带的地理环境相吻合。王

城岗遗址南靠颍水，发源于嵩山东侧的五渡水南流经王城岗与东阳城之间注入颍河。过颍水河南去约7千米便是箕山主峰，沿五渡河西北去约10千米就是嵩山主峰之一的太室山。因之说夏代阳城和东周阳城都是在现今登封县告成镇一带是可信的。况且，和王城岗仅一条五渡水之隔的东周阳城道址，通过考古调查，发现大量战国陶器上印有“阳城”和“阳城仓器”的戳记，确凿无疑地证明东周阳城确在这里。以此为重要旁证，更可证明王城岗发现的相当于夏代时期的龙山文化中晚期遗址，就很可能是夏代“禹都阳城”或“禹居阳城”的阳城遗址。

[摘选自郑州市文物考古研究所编著《二十世纪郑州考古》
（2004年12月河南人民出版社出版）]

告成村保护“观星台”村规民约

观星台是我国现存时代最早的一处古代天文观测建筑，是全国重点文物保护单位，已被列入中国申报世界文化遗产预备名录。为进一步提高广大村民的世界遗产保护意识，规范村民行为，加强对“观星台”的保护和管理，确保“观星台”的真实性和完整性，特制定本村规民约。

一、“观星台”保护村规

1. 广大村民要认真学习有关世界文化遗产知识，充分认识观星台遗址的重要历史价值，遵守《保护世界文化和自然遗产公约》的规定，增强保护意识，自觉保护“观星台”。

2. 不准在“观星台”保护范围内私搭乱建，建设控制地带内确实需要新建、改建的，应自觉遵守相关法律、法规、政策，按程序办理审批手续。

3. 不准在“观星台”保护范围内随意堆放、燃烧农作物秸秆；严禁放置易燃易爆等危害遗址安全的隐患物品。

4. 禁止在“观星台”保护区划内燃放烟花爆竹、焚烧纸钱等活动。

5. 广大村民要加强安全消防意识，定期检查照明住宅线路，严禁超负荷使用电器，排除危害文物安全的因素。

6. 不准向“观星台”保护区划内排放废水、垃圾以及有污染性的气体，保护“观星台”环境风貌。

刘客白 摄

7. 广大村民要提高警惕，担任起安全保障工作，互相监督，与一切破坏“观星台”的行为作斗争。

二、居民文明公约

1. 树立世界文化遗产保护意识，积极主动保护“观星台”。

2. 讲究卫生，爱护环境，不随地吐痰、不乱倒垃圾。

3. 文明礼貌，诚信做人，言行如一，公平买卖。

4. 爱护公共财物，维护公共秩序，不占用公共设施。

5. 提倡整洁有序，文明生产，不乱放生产、生活用具。

6. 不在遗址保护范围内放养家禽、家畜。

7. 尊重他人权利，尊重各民族宗教习俗，不强行和外宾合影。

三、村委会职责

1. 负责加强对群众进行《保护世界文化和自然遗产公约》教育，增强世界文化遗产保护的法制意识和安全意识。

2. 组织村民做好“观星台”安全检查、防火、防盗、防事故、防破坏等工作，及时消除不安全因素。

3. 促使群众不断提高自身文明素质，督促群众进行卫生检查，做好周边环境风貌保护工作。

4. 负责对村规民约进行督导，发现问题要及时进行处理，对违反者进行批评和教育，并责令其改正。

5. 协助政府及各有关部门做好“观星台”文化遗产保护工作。

本村规民约公布后，大家要共同遵守，互相监督，严格执行。

[摘选自郑州市嵩山历史建筑群申报世界文化遗产委员会办公室编著《嵩山历史建筑群》（2008年7月科学出版社出版）]

参考文献

[1] 郑州市图书馆文献编辑委员会 . 嵩岳文献丛刊 . 郑州：中州古籍出版社，2003.

[2] 登封市地方志编纂委员会 . 登封市志 . 郑州：中州古籍出版社，2008.

[3] 耿直，河南省嵩山风景名胜区管理委员会 . 嵩山志 . 郑州：河南人民出版社，2007.

[4] 王彩虹，登封文化广电新闻出版志编纂委员会 . 登封文化广电新闻出版志 . 郑州：中州古籍出版社，2015.

[5] 周昆叔 . 嵩山行 . 北京：文物出版社，2010.

[6] 北京大学考古文博学院，河南省文物考古研究所 . 登封王城岗考古发现与研究 . 郑州：大象出版社，2008.

[7] 王稳平 . 传统民俗大全 . 北京：中国戏剧出版社，2006.

[8] 常松木 . 登封名村 . 郑州：河南文艺出版社，2014.

[9] 中国农业博物馆 . 登封二十四节气 . 北京：中国农业出版社，2019.

[10] 刘万峰 . 登封市革命老区发展史 . 郑州：中州古籍出版社，2019.

[11] 郑州市嵩山历史建筑群申报世界文化遗产委员会办公室 . 嵩山历史建筑群 . 北京：科学出版社，2008.

[12] 郑州市文物考古研究所 . 二十世纪郑州考古 . 郑州：河南人民出版社，2004.

编纂始末

2017 年，郑州市地方史志办公室启动了编纂“郑州名村、名镇志”工程，登封市告成镇列入第二批名录。登封市、告成镇经过充分准备，于 2019 年 7 月启动《告成镇志》编纂工作。在登封市地方志办公室指导下，组成编纂委员会及编辑部。

编篡之始，编辑人员对照郑州市地方志办公室的要求，对原镇志进行了全面研读，结合近年来全镇的发展变化，突出告成特色，认真拟纲设目，呈报登封市地方志办公室审定后，规范编纂。2019 年 8 月，编辑人员会同各方面专家和知情人士，对全镇政治、经济、文化、社会、建设等各个方面进行了充分的调查采访，查阅大量文献资料，深挖历史文化内涵，广泛收集资料，为《告成镇志》的编纂提供了丰富的文化支撑。编写人员为充分展现告成古镇风貌，记录新时代告成人民的美好生活，精编细纂，深化提升，赋予告成这一文化古镇新的活力。

告成镇地处“天地之中”的嵩山脚下，历史悠久，文化丰厚，见证了华夏历史的沧桑巨变与更迭兴衰。编辑同志们呕心沥血、励精图“志”，秉笔直书、辛勤耕耘。2019 年 10 月，经过编辑们的积极努力，初稿完成，向登封和郑州地方史志办公室送审。后经多次修改定稿。

在编纂中，市志办负责人刘华东亲自编纂《概述》，冯海晓、孙幸福负责编纂《基本镇情》《镇域经济》，郭同勋负责编纂《世界文化遗产登封“天地之中”历史建筑群——观星台》《王城岗遗址》《文物胜迹》《古树名木》，程保泰负责编纂《风土民情》，阎锦木负责编纂《名人与名镇》《艺文》，王云琦负责编纂《大事纪略》。

告成镇党委、政府十分重视镇志的编纂，镇党委书记、镇长杨伟平多次对镇志编写提出要求。镇党委副书记郑俊锋、镇党委委员牛松峰全程参与镇志的编修，及时协调解决编辑过程中的实际困难，告成镇全体班子成员参与镇志审核。登封市志办对镇志编写给予大力支持，镇属各部门、各村、各企业积极提供资料。登封市常松木、宫松涛、景新源、郝焕斌、薛春生、方燕明、申颖涛等各界人士和专家学者为志书的编纂提供了大量的珍贵资料和校对，在此谨向为本书付出辛勤劳动的所有人士致以衷心的感谢！

因本书中所选照片及文章众多，部分作品未能在出版前及时联系到著作权人，请著作权人看到后与我们联系，我们将奉上稿酬。

在《告成镇志》即将付梓之时，掩卷细思，深感史籍浩瀚，学无止境，更觉告成这块土地神奇而美丽，使人梦萦魂绕，难以忘怀。我们并非智者，自觉才疏学浅、智乏愚钝，错讹难免，在欣慰之余又觉惶恐，敬请方志专家学者和社会各界仁志之士，不吝赐教。

《告成镇志》编纂委员会

2019 年 12 月